中华文化风采录

古老历史遗产

美丽的家居

周丽霞 编著

北方妇女儿童出版社
·长春·

图书在版编目(CIP)数据

美丽的家居 / 周丽霞编著. —长春 : 北方妇女儿童出版社, 2017.1（2022.8重印）
（古老历史遗产）
ISBN 978-7-5585-0665-9

Ⅰ. ①美… Ⅱ. ①周… Ⅲ. ①民居－古建筑－介绍－中国 Ⅳ. ①K928.71

中国版本图书馆CIP数据核字(2016)第311449号

美丽的家居
MEILI DE JIAJU

出 版 人　师晓晖
责任编辑　吴　桐
开　　本　700mm×1000mm　1/16
印　　张　6
字　　数　85千字
版　　次　2017年1月第1版
印　　次　2022年8月第3次印刷
印　　刷　永清县晔盛亚胶印有限公司
出　　版　北方妇女儿童出版社
发　　行　北方妇女儿童出版社
地　　址　长春市福祉大路5788号
电　　话　总编办：0431-81629600

定　　价　36.00元

习近平总书记说："提高国家文化软实力，要努力展示中华文化独特魅力。在5000多年文明发展进程中，中华民族创造了博大精深的灿烂文化，要使中华民族最基本的文化基因与当代文化相适应、与现代社会相协调，以人们喜闻乐见、具有广泛参与性的方式推广开来，把跨越时空、超越国度、富有永恒魅力、具有当代价值的文化精神弘扬起来，把继承传统优秀文化又弘扬时代精神、立足本国又面向世界的当代中国文化创新成果传播出去。"

为此，党和政府十分重视优秀的先进的文化建设，特别是随着经济的腾飞，提出了中华文化伟大复兴的号召。当然，要实现中华文化伟大复兴，首先要站在传统文化前沿，薪火相传，一脉相承，弘扬和发展5000多年来优秀的、光明的、先进的、科学的、文明的和自豪的文化，融合古今中外一切文化精华，构建具有中国特色的现代民族文化，向世界和未来展示中华民族具有独特魅力的文化风采。

中华文化就是中华民族及其祖先所创造的、为中华民族世世代代所继承发展的、具有鲜明民族特色而内涵博大精深的优良传统文化，历史十分悠久，流传非常广泛，在世界上拥有巨大的影响力，是世界上唯一绵延不绝而从没中断的古老文化，并始终充满了生机与活力。

浩浩历史长河，熊熊文明薪火，中华文化源远流长，滚滚黄河、滔滔长江是最直接的源头，这两大文化浪涛经过千百年冲刷洗礼和不断交流、融合以及沉淀，最终形成了求同存异、兼收并蓄的辉煌灿烂的中华文明。

中华文化曾是东方文化的摇篮，也是推动整个世界始终发展的动力。早在500年前，中华文化催生了欧洲文艺复兴运动和地理大发现。在200年前，中华文化推动了欧洲启蒙运动和现代思想。中国四大发明先后传到西方，对于促进西方工业社会形成和发展曾起到了重要作用。中国文化最具博大性和包容性，所以世界各国都已经掀起中国文化热。

中华文化的力量，已经深深熔铸到我们的生命力、创造力和凝聚力中，是我们民族的基因。中华民族的精神，也已深深根植于绵延数千年的优秀文化传统之中，是我们的精神家园。但是，当我们为中华文化而自豪时，也要正视其在近代衰微的历史。相对于5000年的灿烂文化来说，这仅仅是短暂的低潮，是喷薄前的力量积聚。

中国文化博大精深，是中华各族人民5000多年来创造、传承下来的物质文明和精神文明的总和，其内容包罗万象，浩若星汉，具有很强的文化纵深感，蕴含丰富的宝藏。传承和弘扬优秀民族文化传统，保护民族文化遗产，已经受到社会各界重视。这不但对中华民族复兴大业具有深远意义，而且对人类文化多样性保护也有重要贡献。

特别是我国经过伟大的改革开放，已经开始崛起与复兴。但文化是立国之根，大国崛起最终体现在文化的繁荣发展上。特别是当今我国走大国和平崛起之路的过程，必然也是我国文化实现伟大复兴的过程。随着中国文化的软实力增强，能够有力加快我们融入世界的步伐，推动我们为人类进步做出更大贡献。

为此，在有关部门和专家指导下，我们搜集、整理了大量古今资料和最新研究成果，特别编撰了本套图书。主要包括传统建筑艺术、千秋圣殿奇观、历来古景风采、古老历史遗产、昔日瑰宝工艺、绝美自然风景、丰富民俗文化、美好生活品质、国粹书画魅力、浩瀚经典宝库等，充分显示了中华民族厚重的文化底蕴和强大的民族凝聚力，具有极强的系统性、广博性和规模性。

本套图书全景展现，包罗万象；故事讲述，语言通俗；图文并茂，形象直观；古风古雅，格调温馨，具有很强的可读性、欣赏性和知识性，能够让广大读者全面触摸和感受中国文化的内涵与魅力，增强民族自尊心和文化自豪感，并能很好地继承和弘扬中国文化，创造未来中国特色的先进民族文化，引领中华民族走向伟大复兴，在未来世界的舞台上，在中华复兴的绚丽之梦里，展现出龙飞凤舞的独特魅力。

目录

辉煌建筑装饰——秦砖汉瓦

东方艺术明珠——古代家具

秦砖汉瓦

秦砖汉瓦是后人对秦汉时期先进的制陶技术的通称。所谓秦砖，是指秦代炉火纯青的空心砖技术；所谓汉瓦，是汉代独特的瓦当制作技术和相关造型艺术。

提起砖瓦的历史，人们总会想到秦砖汉瓦。但是秦砖汉瓦不是凭空产生的，它的辉煌不是从天而降的，而是在商周制砖造瓦的基础之上发展起来的。每一个时代的创造物和艺术品都是其社会物质文化水平和精神风貌的反映。

秦砖汉瓦的起源与发展

秦汉时期是我国古代早期的封建盛世，这一时期经济发达，社会文化发展迅速，所谓“秦砖汉瓦”就足以说明这一时期建筑装饰的辉煌。为此，后人常用“秦砖汉瓦”来形容秦汉两代在建筑材料方面的成就。

砖瓦是建筑的重要材料，在我国有着悠久的历史。它的出现标志着我国古代建筑的巨大进步，也是秦汉时期文化的一大特征，它们的

精美的宫廷龙纹砖

产生和形成是经过了一个漫长的发展过程的。

陶器作为一种器具，首先应用于古人的生活之中，制成罐、碗、盆、钵等用于储藏、饮食。商代以后，陶器的最大用途是作为建筑材料，最早的建筑陶器是陶水管。

汉代白虎瓦当

后来，我们的祖先受到了制陶的启发，将土坯入窑烧制成砖，使其硬度大为提高。

到了西周初期，先人们又创新出了板瓦、筒瓦等建筑陶器。砖也是在这时期开始用在建筑上的。

在凤凰山下的周公庙遗址西周贵族大墓群发现的空心砖、条砖、板瓦，据推断为先周时期的遗物。这就将砖瓦的历史又往前推进了800多年。

春秋战国时期，群雄并起，政治、经济、文化飞速发展，各国都大兴土木，营建宫室殿宇，这就大大促进了建筑的繁荣。

公元前221年，秦始皇统一了六国，结束了诸侯混战的局面，各地区、各民族之间都得到了广泛的交流，中华民族的经济、文化迅速发展。

在秦都咸阳宫殿建筑遗址，以及陕西临潼、凤翔等地发现众多的秦代画像砖和铺地青砖，除铺地青砖为素面外，大多数砖面饰有太阳纹、米格纹、小方格纹、平行线纹等。

周公 即周公旦。姓姬，名旦。因封地在周，故称为周公，因谥号为文，又称为周文公。文王之子，周武王之弟，排行第四，亦称叔旦。为我国西周初期杰出的政治家、军事家和思想家，被尊为儒学奠基人，孔子一生最崇敬的古代圣人之一。

春秋 我国历史阶段之一。公元前770年至公元前403年，中国儒家文化的创始人孔子曾经编了一部记载当时鲁国历史的史书《春秋》，所以后人就将这一历史阶段称为春秋时期，基本上是东周的前半期。

骑兵画像砖

另外，用作踏步或砌于壁面的长方形空心砖，砖面或模印几何形花纹，或阴线刻画龙纹、凤纹，也有模印射猎、宴客等场面的。

尤其是秦代对万里长城的修筑工程，《史记·蒙恬列传》中记载：

始皇二十六年……使蒙恬将三十万众北逐戎狄，收河南。筑长城，因地形，用制险塞。起临洮，至辽东，延袤万余里。于是渡河，据阳山，逶蛇而北。

在高山峻岭之顶端筑起雄伟浩大、气壮山河的万里长城，其工程之宏大，用砖之多，举世罕见。

秦末楚汉相争，最后刘邦战胜项羽，建立大汉王朝之后，社会生产力又有了长足的发展，手工业的进步突飞猛进。所以秦汉时期制陶业的生产规模、烧造技术、数量和质量，都超过了以往的任何时期。

秦汉时期建筑用陶在制陶业中占有重要位置，其中最富有特色的为画像砖和各种纹饰的瓦当，这就是著名的“秦砖汉瓦”。

“瓦当”在我国文字中由来已久，称“当”的如“京师庾当”；

称“瓦”的如“都司空瓦”“长水屯瓦”；而有时又称“裳”，如“长陵东裳”等；或称“甬”，如“庶氏冢甬”等。

前人所说的“瓦”则榜比置于檐际，瓦瓦相值。所说的“当”为“底”，带瓦头的筒瓦正当众瓦之底，有阻挡、遮挡的作用。

班固《西都赋》中有“裁金壁以饰珰”句，“珰”应为“椽头饰也”。

而就在瓦当这一小小的图形空间内，我国古代聪明的匠师们创造了丰富多彩的艺术天地，属于我国特有的古代文化艺术遗产。

瓦当一般为泥质灰陶，陶土一般要求由土色纯黄、黏性较好、沙石较少的黄壤土烧制而成。瓦及瓦当的发明，是在制陶工艺高度发达的基础上，为适应较为成熟的土木结构建筑的需要而产生的。

早在西周末年，秦人游猎于甘肃天水一带。公元前677年，秦人来到周人故地，定都雍城。秦人受周文化的影响，开始使用瓦当。

此后290余年，在公元前677年至公元前383年，雍城作为秦国都城，而首先成为秦瓦当的重要生产地区。后来，秦国两次迁都，情形也是如此。

整个战国时期，七雄各霸

《西都赋》 汉代文学家、史学家班固创作的大赋，属于《两都赋》中的一篇。《西都赋》由假想人物西都宾叙述长安形势险要、物产富庶、宫廷华丽等情况，以暗示建都长安的优越性。另一篇为《东都赋》。

雍城 遗址位于陕西凤翔县城南，是秦国历史上时间最长、保护最好的都城遗址。分为都城和陵园两大部分。其中，雍城陵园内埋葬着秦始皇的多位先祖。

汉代文字瓦当

饕餮 我国古代传说中的龙的第五子，是一种想象中的神秘怪兽。古书《山海经》中介绍它的特点是：羊身，眼睛在腋下，虎齿人爪，有一个大头和一张大嘴。十分贪吃，见到什么就吃什么，由于吃得太多，最后被撑死。后来形容贪婪之人叫“饕餮”。

一方，各国所用瓦当都各具特色，瓦当艺术第一个鼎盛时期形成，其中以秦、燕、齐三国瓦当艺术成就最高，形成了战国瓦当艺术三分天下的鼎盛局面。

战国时期的瓦当可分素面和带有花纹、文字的两大类。各地所出花纹瓦当都各具特色，燕国多为饕餮纹；齐以树形纹为主，还有带文字的；周以饕餮纹为多，但已简化，仅突出饕餮的双目，以后渐转为卷云纹；秦砖有山形纹、树纹和云纹，和关东六国的瓦当颇为相像。

最早使用圆形瓦当、当面采用四分法和当心采用圆形装饰的秦瓦当，直接影响了汉代瓦当，并引导瓦当艺术在西汉形成第二个高潮。

汉代瓦当是在秦代瓦当基础上发展起来的，青出于蓝而胜于蓝，与秦瓦当相比，汉代瓦当不仅数量多，而且种类更加丰富，制作也日趋规整，纹饰图案井然有序。在圆面范围内，尽量体现形体的伸展力度，神态性格明显，是一种艺术性极强的装饰浮雕作品。

■彩色人物画像砖

尤其是汉代大量文字瓦当的出现，不仅完善了瓦当艺术，同时也开辟了一个全新的艺术领域和研究范围，更加鲜明地反映出当时的社会经济和思想意识形态。

每一个时代的创造物和艺术品都是其社会物质文化水平和精神风

■ 弓箭士兵画像砖

貌的反映。汉代是瓦当艺术登峰造极的时代，这是建立在统一的封建大帝国物质和精神所发展的基础上的。

汉代是我国封建社会早期的鼎盛时期。西汉初年，经过了70余年的休养生息，国力得到逐渐恢复，经济文化有了新的发展。建筑方面也取得了很多重要进展。

西汉时期的宫室台榭之类建筑，在继承秦代的基础上，规模更为壮丽宏大。以国都长安为中心的宫殿建筑，如长乐宫、未央宫、明光宫、北宫、桂宫、建章宫以及上林苑，各抱地势，连属成群，华丽豪奢，每处能容“千乘万骑”，可见当时建筑的规模之宏伟。

而在这些建筑上，均用瓦当以显示皇家的气派与威严，这为瓦当在汉代大放异彩奠定了广阔的发展基础。汉代瓦当以其数量之多，质量之精，时代特征之鲜明，文化内涵之丰富，把我国古代瓦当艺术推向了

未央宫 我国西汉皇家宫殿。遗址位于陕西西安西北约3000米处。当年位于西汉都城长安城的西南部。因在长乐宫之西，汉时称作西宫。为公元前200年在秦章台基础上修建，同年自栎阳迁都长安。“未央”一词出自诗经：“夜如何其？夜未央。”未央：未尽、未深之意。

最高峰。

西汉瓦当可分为三期：汉初至文景时期为初期，武帝、昭帝、宣帝时期为中期，元帝、成帝以后至王莽时期为后期。初后两期，面积略相似，只有中期面积特别大，边轮特别宽。

初期瓦当上的文字非常紧密严肃，代表作品有“高安万世”“千秋万岁”。中期字体宽博，代表作品有“永承大灵”“涌泉混流”。后期字体流丽匀圆，代表作品有“则寺初宫”。

汉代画瓦在中期亦有明显之区别，“龙虎四神”为其代表作品，大气磅礴，姿态生动而雄伟，一望可辨。但四神瓦多见于西安枣园村王莽九庙遗址，其他地区出土数量极少。王莽在建九庙时，皆拆毁汉代包阳宫等之土木材料，瓦当应亦在移用之列。

阅读链接

2010年，西安秦砖汉瓦博物馆在西安南郊汉宣帝杜陵塬上正式落成，该馆汇集了西周至明清各朝代的各种纹饰瓦当及古砖3000余块，是我国目前唯一的馆藏瓦当品类和数量最多的专题性博物馆。

展品包括了自西周至明清各个时代、各种纹饰的瓦当和古砖2600个版别，3000余块，以秦汉瓦当为主，出土自陕西、山西、河南等多个省份。

最具皇家气象的砖是汉代御道砖，这些刻有“海内皆臣，岁登成熟，道毋饥人，践此万岁”字样的方砖，只有在汉代举行丰收大典时，供天子踩踏专用，一旦典礼结束，便要收起。

博物馆最具特色的，要数馆内收藏的历代32件佛像瓦当，有北魏造像纹瓦当、唐代飞天滴水瓦、佛像纹滴水瓦等，雕工细腻，精美绝伦。

装饰艺术的精品文字瓦当

瓦当本身具有保护屋檐、防止风雨侵蚀的作用。但将纹饰、各类文字刻在它上面后，它就成为艺术中的一朵奇葩，富有装饰效果，使建筑物更加绚丽多姿。

早在战国时期，齐国是当时最为强盛的国家之一，齐国都城临淄是当时规模最大、人口众多、经济繁荣的都市之一，在当地发现的瓦当十分丰富，艺术风格独树一帜。齐故地发现文字类瓦当100余种。

齐国瓦当采用经过筛选的黄土做坯，经高温烧制，质地细密坚硬，色泽均匀，表里一致，呈灰色或蓝灰色。

齐国文字瓦当更直接地反映了人们的愿望与追求，齐国瓦当上的文字有“天齐”“千秋”“千万”“延年”“千秋万

■出土的汉代“长乐未央”砖瓦

岁”“千秋未央”“千秋万岁安乐无极”等。

齐国都城临淄发现的“天齐”文字瓦当，是齐国祭祖宗和天主的祠庙用瓦，也寓含吉庆之意。“天齐”两字是齐国通用的篆书。写时随形顺势，舒卷自如，毫无拘谨杂乱、繁简失序的习气。“天齐”原是泉水名，在临淄南郊山下。

祠庙 在我国古代，从皇帝到士大夫，都有祭祖先的祠庙。庙的级别高，皇帝家祭祖建筑物叫太庙，是至高无上的庙。祭圣贤、忠臣、烈士的建筑物，也称为庙或祠。还有民间崇拜的传说中的神，要祭祀的山川之神，也都有专用的祠庙。

其他地方发现的“天齐”文字瓦当，其年代可分为战国、秦、西汉三个不同时期，字形各异。秦统一六国之前，文字异形的现象很普遍，各地制瓦工匠都按照自己的习惯书写。

秦汉时期的文字瓦当还是秦宫殿与建筑物的标志。瓦当文字内容以宫殿和建筑物的名称为主，也有地名、市署、记事、祠堂、吉语和杂类等。

属于宫殿和建筑物名称的秦文字瓦当有“蕲年宫当”“橐泉宫当”“来谷宫当”“来谷”“竹泉宫当”“年宫”“兰池宫当”“楚”“卫”等；反映地名的瓦当有“商”等；记事瓦当有“卫屯”等。

汉代文字瓦当

另外，秦文字瓦当还有标志市署的，如“华市”等；吉语瓦当如“维天降灵延元万年天下康宁”“永受嘉福”“延年”“羽阳千秋”“日月山川利”等；其他瓦当有“佐弋”等。

在雍城西南的凤翔县长

青乡堡子壕遗址发现有“蕲年宫当”，根据文献记载和“蕲年宫当”的地层情况，说明这里就是秦蕲年宫的所在地。

蕲年宫又叫蕲年观，初建于秦惠公时期，为祭祖后稷、祈求丰年而建。蕲年宫是秦代著名宫殿，秦始皇曾在此宫举行过加冕礼。

“蕲年宫当”均呈深灰色，当面模制，较平整，边轮较窄，所附筒瓦内饰布纹，外饰绳纹，瓦径大致相同，约0.16米，当心为圆乳钉纹，乳钉外用双十字线分区。“蕲年宫当”4字均匀分布于4个扇面中。其中“蕲年”两字位于当面右侧，“宫当”两字位于当面左侧。

■“取”字瓦当

与“蕲年宫当”共存的还有一批制法基本相同的如“橐泉宫当”“来谷宫当”和“竹泉宫当”等。

“来谷宫当”，字体清晰规整，已发现有二式。一式当面径约0.164米，当心为圆乳钉纹，乳钉外用双线作十字分区。“来谷宫当”4字从右向左均匀分布于4个扇面中，当面右边为“来谷”两字，左边为“宫当”两字，字体端庄，线条舒展。

与一式不同的是：二式当面4字从左向右竖着读，左边为“来谷”两字，右边为“宫当”两字。谷是农作物的总称，来谷是祈求丰年之意。

“竹泉宫当”，当径为0.164米，当心为圆乳钉纹，乳钉纹外用双十字线分区。“竹泉宫当”的4字

加冕 就是把皇冠加在君主头上，是君主即位时所举行的仪式。新的皇帝如举行加冕仪式是皇帝亲政的象征，只有举行过加冕仪式的皇帝才能正式地代表国家掌握朝政。这项仪式起源于我国，历史上传统皇帝是上天的代表，所以只能由皇帝命人代天举行这项仪式，任何人与组织宗教派别都是没有资格的。

延年益寿瓦当

为小篆体，均匀分布于4个扇面中。

“年宫”瓦当，中心为乳钉纹，其外有一圆圈，圈外以双十字线将当面等分为4个扇面，3个扇面内各饰有羊角似的卷云纹，一个扇面内为阳纹“年宫”两字。

“兰池宫当”，为阳文小篆，合成圆形，字体古朴美观。兰池宫是秦代著名宫殿，秦始皇常游兰池，有时夜宿兰池宫。兰池宫是一座供游兰池时休息的离宫，因建在兰池之滨而得名。兰池是一个人工湖，湖面可以荡舟，还配有蓬莱山、鲸、鱼石等景观。

“卫”字瓦当，当面仅一繁体“卫”字，出土于阿房宫东北地下。秦始皇每灭掉一个诸侯国，总要仿建其宫室，“卫”字瓦当是秦始皇命人为仿建的卫国宫室烧制的。

与此类似，“楚”字瓦当则是为仿建的楚国宫室烧制的。

“商”字瓦当，1980年陕西丹凤县商邑遗址出土一块，1996年在原址附近又出土一块。瓦当为半圆形，当面充满一模印的“商”字，书体为小篆，笔画比较细瘦，转折生硬。

“华市”瓦当，圆形，瓦色青灰，当背不平，有明显的切痕，涂朱红色，当面直径0.135米，中心

诸侯国 指我国历史上秦朝以前分封制下，由中原王朝的最高统治者天子对封地的称呼，也被称为“诸侯列国”或者“列国”。封地的最高统治者被赐予“诸侯”的封号。诸侯国封国的面积大小不一，国君的爵位也有高低。诸侯必须服从王室，按期纳贡，并随同作战，保卫王室。

有一圆乳钉纹，外饰弦纹，乳钉外和弦纹间上下排列“华市”两字。字两侧各饰一单线卷云纹，当左侧填一鸟树纹，右为一卷云纹。华市为秦故都雍城市署之名。

“维天降灵延元万年天下康宁”瓦当，为12字吉语瓦当，发现于秦阿房宫遗址内，是秦始皇统一六国时期的产物。字体是标准小篆，笔法圆浑古妙。

“维天降灵延元万年天下康宁”瓦文分为3行，每行4字，行间饰有10个小圆形乳钉纹，四边有蔓草图案。文字中的吉祥语是为了赞颂秦始皇的统一大业，宣扬王权统治和宗教迷信思想。

“永受嘉福”瓦当发现于陕西咸阳，其面径为0.158米，已残，中以双十字线分割，上书“永受嘉福”4字，字体为鸟虫篆，颇似秦玺文字。体式优美，结构匀称。另一种无十字线分格，以小点为中心，亦为秦瓦。

“延年”瓦当，一只鸿雁双翅展开，首尾两翼展呈十字形，颈部伸得又长又直，是鸿雁高飞时的典型动作，“延年”两字刻在双翅之上，似被鸿雁托起，画面显得均衡美观。这是祭祀日月山川的神殿所使用的瓦当。

“羽阳千秋”瓦当，

乳钉纹 古代常用纹饰之一。其是青铜器上最简单的纹饰之一。纹形为凸起的乳突排成单行或者方阵。另有一种，是乳钉各置于斜方格中间，以雷纹作为地纹，称为“斜方格乳钉纹”“乳钉雷纹”“百乳雷纹”。此纹饰盛行于商周时期，殷周之际，乳钉突出较高，周初有呈柱状形的。

永受嘉福瓦当

是秦代羽阳宫瓦。面径0.18米。瓦当为圆形，已残。中为乳钉纹，四周上书“羽阳千秋”4字，4字布局匀称。“千秋”“千岁”“万岁”皆古时泛用之吉语。

羽阳千岁瓦当

“羽阳千秋”瓦当发现于陕西宝鸡，同一地区尚发现有同一内容的“羽阳千岁”“羽阳万岁”等瓦当。

“日月山川利”瓦当，面径0.14米，当心饰一“米”字纹，其外为环纹，环纹外饰水轮纹。“日月山川利”5字隐现于水轮纹之间，5字由左下方开始按顺时针方向排列，是将文字与动物纹、云纹等图案组合在一起的瓦当，既填补了文字周围的空间，又使画面显得充实和谐，生动活泼，增强了装饰性。

“卫”字瓦当

春秋战国至秦代是文字瓦当的萌芽期，到了汉代，终于步入巅峰，可谓百花齐放，争奇斗艳，琳琅满目，绚丽多姿。

文字瓦当在汉代最具时代特色，占有突出的地位，内容丰富，辞藻极为华丽，内容有吉祥颂祷之辞，文字瓦当绝大多数为阳文，字数从一至数十不等。

一字瓦当，即瓦当上只有一字，配以纹饰。比如“卫”字，“卫”字瓦当传世很多，大都出自汉长安城遗址。当面为一“卫”字，通常占满当面。有的卫字较小，字外有一周网纹；有的当面或涂朱色，或涂白垩。

在陕西淳化县凉武帝村甘泉宫遗址采集的一件一字瓦当，直径0.15米，当面为隶书的“卫”字，从发现地点来看，应属汉甘泉宫卫尉官署所用之瓦。

西汉时长安城及周围的主要宫殿均设有卫尉，执掌守卫或防卫，如长乐卫尉、未央卫尉、建章卫尉等。《汉书》记载：

> 卫尉，秦官，掌宫门卫屯兵。……长乐、建章、甘泉卫尉皆掌其宫，职略同，不常置。

少府 官名，始于战国时期。秦汉时相沿，为九卿之一。掌山海地泽收入和皇室手工业制造，为皇帝的私府。秦和两汉均设少府，王莽称共工，与大司农一同掌管财货。西汉政权的少府仍为管理帝室财政的重要机构。

汉代文字瓦当

汉代瓦当上的“卫”字表示守卫巡视的意思，此种瓦为汉代卫尉或城垣、宫门的卫屯屋亭所用。

一字瓦当代表作品还有“李”，

直径0.153米，当面中部位一篆书“李”字，当为李姓家族所用之瓦。

二字瓦当，瓦当上面只有两个字。代表作品如“佐弋”，此瓦当是秦代瓦当承续，常发现于汉长安城遗址。直径0.133米，当面自右向左横书篆体“佐弋”两字，字外有弦纹一周。

《汉书·百官公卿表》记载：“少府，秦官……属官有……考工室、左弋。”左弋即佐弋，此瓦当应为佐弋官署建筑所用。

二字瓦当的代表作品还有“千秋”，如陕西省发现的一件“千秋”瓦当，直径0.185米，篆体千秋两字并列，自右向左横读，写得很散，布局似“千火禾”3字。

另在山东所发现的“千秋”瓦当多为半瓦当，当面中间以双道凸线相隔为左、右区，每区一字，“秋”字也写成“禾”“火”，章法绝妙。

此外，在二字瓦当中最具代表性的还有“上林”瓦当，在陕西西安上林苑遗址多有发现，是汉文景时期的文字瓦当。此瓦当以小篆为基础加以规范化，与当时的汉印文字缪篆风格一致。笔画依当面弧形弯曲，当面边际凸起弦纹。文字竖读，疏落有致，瓦边平整宽阔。

汉代文字瓦当

三字瓦当即当面上只有3个字，配以图案纹饰。代表作品有“甲天下”瓦当，该瓦当直径0.198米，上部为一马一鹿图案，左右并列，下部“甲天下”3字凸起，篆书体。“甲天下”有显示地位之意。

四字瓦当中，有的为吉语，如“长乐无极”“长生吉利”“万岁未央”等，这类瓦当在品种和数量上非常多；有的文字表明墓葬名称，如“高祖万世”“长陵西神”“殷氏家当”等。

鼎湖延寿宫瓦当

五字瓦当中有“鼎湖延寿宫”“延年益寿昌”等。“鼎湖延寿宫”瓦当，宫字在正中心，其他字围成一周。

六字瓦当中有“千金宜富景当”“千秋万岁富贵”等。

七字瓦当，有“千秋利君长延年”。

八字瓦当，有“千秋万岁与天毋极”。

九字瓦当，有“延寿万岁常与天久长”“长乐未央延年永寿昌”等。“长乐未央延年永寿昌”瓦当，右半是“长乐未央”，左半是“延年永寿昌”。

十字瓦当，有“天子千秋万岁常乐未央”。

除上述外，瓦当文字还有10字以上的，如“维天降灵延元万年天下康宁”“与民世世天地相方永安中正”等。

汉代文字瓦当中最长的为12字瓦当，在汉武帝茂陵曾经出土过一件完整的12字的瓦当，其外圈8字为“与民世世天地相方”，内圈4字是“永安中

茂陵 汉武帝刘彻的陵墓。公元前139年至前87年建成，历时53年。茂陵陪葬墓还有李夫人、卫青、霍去病、霍光、金日磾等人的墓葬。它是汉代帝王陵墓中规模最大、修造时间最长、陪葬品最丰富的一座，被称为“中国的金字塔”。

■万岁瓦当

正”，为汉代瓦当中的精品。

另外有一件“苍天天作瓦”，连小字似为16字，但因年代久远，已模糊不清。而且汉代文字瓦当中尚无发现11字瓦当。吉语类文字瓦当多为吉祥颂语，种类繁多，内容丰富，用途较为广泛，从文辞内容上，又可以分为以下几个系列：

千秋万岁系列：有“千秋”“万岁”“千秋万世”“千秋万岁与天无极”“千秋万岁与地无极”“千秋万岁”“千秋利君”“千岁”“千秋万世长乐未央”“万岁富贵”“千秋长安”“千秋万岁常与天久长”等。

“千秋万岁”瓦当，发现于汉阳陵南阙门遗址。圆瓦当中心有乳钉纹，四方起双阳线将当面4等分，每格填有一字，为自右向左直读书写。十分巧妙地用文字做装饰，具有图案美。边际有弦纹，瓦当边沿平整宽厚。整体风格自然、安详、质朴。

汉长安城遗址的“汉并天下”瓦当，当面直径0.17米，边轮较深，当面外缘有单线轮廓，内以双线十字界格分4个扇面，篆书“汉并天下”分置其中。中心有一圆柱，圆柱外有单线中心环。

长乐未央系列：有“长生未央”“长乐万世”“克乐未央”“万年未央”“安世未央”“富昌未央”“永年未央”等。

阳陵 汉景帝刘启及其皇后王氏同茔异穴的合葬陵园。景帝于公元前141年驾崩后葬于阳陵，15年后王皇后薨，合葬陵内。自景帝始修陵墓到王皇后入葬，阳陵修筑长达28年。汉阳陵位于汉长安城的东北方向，是咸阳原上西汉帝陵中最东边的一座，与汉高祖的长陵相邻。陵区位于泾水和渭水之间，泾渭在其东不远处合流。

“长生未央”瓦当，面径0.192米，中心有乳钉纹，四方起双阳线将当面4等分，每格填有一字，自右向左直读书写篆书“长生未央”4字。

汉代篆书瓦当

延年益寿系列：有“延寿长相思”“延寿万岁”“延寿万岁常与天久长”等。

“延寿万岁常与天久长”瓦当，从右至左依次为2字、4字、3字，布局依字之多少而变化，有活泼生动之美。瓦当纹样运用文字线条的伸缩，形成一种变化无穷的旋律。

长生无极系列：有“与天无极”“与天毋极”“与华无极”“无极”“长生乐哉”“长生吉利”“常生无极”等。

“与天无极”瓦当，寓意吉祥：与天一样万寿无疆。中心有乳钉纹，四方起双阳线将当面4等分，每格填有一字，为自右向左直读，书写篆书“与天无极”4字，字体结构随圆周变化。

与天无极瓦当

富贵系列：有“富贵宜昌”“方春富贵”“并是富贵”“日乐富昌”“大富”“千万富贵”“高贾富贵”等。其中“高贾富贵”瓦当，文字围成一周，不分界格，用云纹隔开。

无疆系列：有“亿年无疆”“永奉无疆”等。其中

缪篆 我国汉代摹制印章用的一种篆书体。王莽六书之一。形体平方匀整，饶有隶意，而笔势由小篆的圆匀婉转演变为屈曲缠绕，具绸缪之义，故名。清代学者桂馥《缪篆分韵》则将汉魏印采用的多体篆文统称为“缪篆”，亦称“摹印篆”。

“亿年无疆”瓦当，字体用小篆写成，结构严谨，笔法颇见功力。

其他吉语瓦当多种多样，如“长毋相忘”“大吉日利”“宜钱金当”等。这些吉语瓦当文辞优美，言简意赅，充分反映了当时人们对美好生活的向往与追求。

瓦当上的文字有时可作为判断古代建筑年代、地址的实证，如“京师仓当”指出了西汉京师粮仓的具体位置，还有“长陵东当”“长陵西当”等也有同样作用。

京师仓遗址位于陕西省华阴市硙峪乡西泉店村南，又名华仓，建于汉武帝时期，是为长安贮存、转运粮食的大型粮仓，容量上万立方米。

汉代之所以出现大量的文字瓦当，与书法的发展历史分不开。汉代是我国书法艺术的自觉期，书法逐步摆脱了实用的意义，而走向纯美的艺术境界，从而铸就了书法大盛的时代。

汉代八字瓦当

汉代把主要精力放在恢复生产与发展经济文化上，在文字的使用上一反常态，一改用笔烦琐、拘谨、速度慢的篆书通用文字，而吸纳秦诏版的那种自由风格。

变用笔“裹锋前行”为“逆入平出”，将圆转勾连的曲线改变为平直方正的笔画，变圆为方，字形由长趋扁，形成“汉隶”“以趣约易”的独特法则。

■千秋万岁瓦当

汉代文字瓦当分纯文字与图文兼有两类。文字书体大致有小篆、隶书、鸟虫篆、缪篆、龟蛇体，但以篆隶为主，且多阳文，阴文很少。其字有通假者、谐音者、省文者、上下左右互位者，往往一字多变达数十种，且字的排列也不拘一格。

无论在书体的迥异、次序的不同、字数的多寡等方面，汉瓦当文字均在当面规范内圆转勾连，随意屈曲，布局千姿百态，既寓意又传神，体现出了书法美学的精神。

瓦当文字中的鸟虫篆书，似鸟虫形象，生动活泼，别具一格。有意识地把文字作为艺术品，或者使文字本身图案化、装饰化，是从春秋末期开始的。

这种与绘画相似的字体，有的在笔画上加些圆点，有的故作波折，有的在应有的字画之外附加上鸟形用以装饰，这便是后来鸟篆、虫篆的起源。

用鸟形的特征构成基本笔画而成的字极富装饰性。如“千秋万岁”瓦当中，“千”字于瓦心皆做飞鸟状，离奇、诡异且有致。这种似字似画的风格，反映了我国的文字起源于象形。

自然界的日月星辰、山川河流、飞禽走兽，其动态与静态之物都是文字取法的对象，所以文字之

书法 文中特指中国书法。中国书法是一门古老的汉字的书写艺术，是一种很独特的视觉艺术。书法是我国特有的艺术，从甲骨文开始，便形成了书法艺术，所以书法也代表了我国文化博大精深和民族文化的永恒魅力。

■喜肃神灵瓦当

形体与自然物真实的形体之间有着某种必然的联系。

鸟虫篆书的瓦当文字正是对自然物的描摹，更加彰显书法艺术变幻莫测的态势，无疑是基于文字与自然景物相通的观念。

但这种描摹并不排斥主观意愿在构成文字中的作用，而以抽象的点画来表现物象，并加以组合，既“师法自然”又融入了创造者的思想感情，即“外师造化，中得心源”。

瓦当文字的创造者以智慧之眼观察、捕捉、体味自然和人事中一切符合客观规律性，可以令人愉悦的生动形象。在当面上创造性地运用和谐、对称、均衡、变化、统一、古拙、淡雅、秀逸、雄奇等技巧，展现出了文字瓦当书法艺术的无穷魅力。

同一文字的瓦当当面变化多端，有的“千秋万岁”瓦当边框粗犷浑厚，文字却空朗轻灵，对比强烈，刚柔结合；还有的“万岁千秋” 瓦当“千”字因笔画少，作“双勾”处理，与其他文字虚实结合，相得益彰、独具匠心。

或者将“秋”字大胆删减，干净利落，似有非有，若隐若现，回味无穷，淋漓尽致地诠释了老子

老子 即李耳，字聃，一字或为谥伯阳。是我国古代伟大的哲学家和思想家、道家学派创始人，被唐朝帝王追认为李姓始祖。老子存世作品有《道德经》，其作品的精华是朴素的辩证法，主张无为而治，其学说对我国哲学发展具有深刻影响。在道教中老子被尊为道祖。

"有无相生"的观念，并对后世书法艺术影响深远。

"阴阳虚实"观念的根深蒂固，使文字瓦当艺术的创作体现了时代的思想和艺术审美风尚，开始了书法创作追求"意境"的艰苦探索。不仅讲究当面文字灵变、夸张、错落的造型及空间的布局留白，还将瓦当放置于建筑物整体及周围的自然环境中，来追求整体的和谐的"意境"美。

瓦当布于屋檐，从早到晚都可见到阳光，由于光照的强弱、角度的反差、色彩的明暗，再加上瓦文阴阳凹凸的衬托，给人以变幻莫测的美感。

文字美的基础在于功力、气势，而文字瓦当作为建筑物的装饰部分与庄严宏伟的高大建筑相陪衬，相感染，就更显得肃穆。而且，不同的建筑物，不同的地域，文字瓦当具有不同的风格。这样，不论是书法还是建筑物本身，都会更加显示出具有个性的美。

我国书法常与诗、画配合在一起，文字瓦当也常用来书写富有情趣、祝愿、祈祷等含义的吉祥用语，或者与图画结合相得益彰。书法便借着文字或绘画的内涵创造出更深更美的意境。

瓦当往往在文字之余配以图案及乳钉等物，字为画添趣，画为字增色。例如"冢上""雀纹宫"等，字虽少却生动活泼，

阴阳 源自古代我国人民的自然观。古人观察到自然界中各种对立又相连的大自然现象，如天地、日月、昼夜、寒暑、男女、上下等，春秋时代的《易传》以及老子的《道德经》都提到了阴阳。阴阳理论已经渗透到我国传统文化的方方面面，包括宗教、哲学、历法、中医、书法、建筑堪舆、占卜等。

"天"字瓦当

篆书瓦当

图文并茂，无单调呆板之感；“年宫”瓦当，曲折方正的文字和3个单线云纹相映成趣，极富装饰风味；“长乐富贵”瓦当，文字与图画布局合理，搭配得当，毫无杂乱之态。

瓦当圆圈的形状因记载文字数的多寡，而将其圆形分割为半圆、扇形或错落有致不拘一格，极大地发挥了艺术家的想象力、创造力，以万变应不变，获得了出神入化、神采飞扬的文字变形。

瓦当文字的奇特形体，正是被固有的空间形式“挤”出来的。这是充满全新意趣和生命力的创作，也是空前大胆的自由创作。

阅读链接

关于文字瓦当的起源，史学家们有不同的说法：有人认为始于西汉，有人认为始于秦代，有人认为源于战国。

为了破解文字瓦当起源之谜，1996年，陕西省考古研究所雍城考古队在凤翔县长青乡孙家南头堡子壕遗址进行了科学试掘，先后在秦代文化层和战国时期秦国文化层中分别发现了一批文字瓦当。

这批文字瓦当均为秦文字瓦当，考古工作者从而确定了秦文字瓦当源于战国时代，这一论断已被公认是科学可信的。

我国古代那些曾经辉煌一时的宫殿建筑，随着时间的推移早已荡然无存，但通过众多形态各异的瓦当，可以遥想当年建筑的雄伟与华丽。

东方艺术明珠

古代家具

我国古代家具工艺有着悠久的历史，它的发展取决于人们起居方式的变化。

从商周到秦汉，是以席地跪坐为中心的家具；从魏晋到隋唐，是席地坐与垂足坐并存交替的家具；北宋以后，是以垂足坐为主的家具。

真正将我国古代家具推向艺术顶峰的是精工细作的明式家具。明式家具中夹杂着文人化的意趣，体现着古人求真崇朴的思想，这是前朝后代的家具没有的。

处于蒙昧期的夏商周家具

夏商周时期是我国早期家具的雏形阶段，也是我国传统文化的孕育期，家具的各种类型都已出现，少而简陋，且往往一物多用，例如床既是卧具也当坐具。但是反映该时代的家具历史罕有文字记载和绘画描摹。

夏商周时期我国古代家具的形制都以席地跪坐为主，这符合当时的生活习惯。然而后世家具的雏形也可在这时看到：席是床榻之始，青铜俎和几是桌案的鼻祖，礼器禁是箱柜的前身，斧扆则是屏风的先驱。

青铜器丙簋

夏商周形成了天地崇拜的宗教意识，其家

具也成为人与神沟通或显示皇权显赫的工具，带有浓厚神秘的宗教色彩。家具的使用功能主要为祭器，在造型上运用对称、规整的格式和安定、庄重的直线，来体现威严、神秘和庄重之感。

双耳陶罐

另外，夏商周王朝的等级制度在家具上也有所体现，不仅家具的形制、使用要按照严格的等级与名分行事，就是家具的材质、色彩、纹饰等也有不可逾越的严格规定。

比如席的使用，其材质、花纹、边饰等，都有相应的规定。周天子在封国命侯大典时，三重坐席为“莞筵纷纯”，即以丝带为边儿的莞席，和“缫席画纯”，即画五色云气为边饰的缫席，再加上“次席黼纯”，即竹席镶以黑白相间的花边儿。而以下的诸侯、卿大夫等，皆有符合身份、地位的花饰。

席为我国最原始的家具，用作铺垫作息。一般呈长方形或正方形，大小不一，小方席称“独坐”，供一人使用，长方形席可多人同坐。

我国古代编织技术的出现至少不晚于新石器时代，各地普遍发现有距今6000年前后的席纹陶片。

商周甲骨象形文字已达到4000余字，其中有一些直接反映这一时期的卧具，如“席”字表示一长方形编为人字纹的席；“缩”字表示一人卧于席上。

天地崇拜 指古人把天地中的自然物和自然力视作具有生命、意志和伟大能力的对象而加以崇拜。是最原始的宗教形式。当时人们尚未形成明确的超自然体的观念，但已开始具有将自然物和自然力超自然化的倾向。崇拜范围包括天、地、日、月、星、山、石、海、湖、河、水、火、风、雨、雷、雪、云、虹等天体万物及自然现象。

席经常和筵一起使用，所以称为“筵席”。《周礼·春官司几筵》注释上说：

筵，亦席也，铺陈曰筵，藉之曰席。可知筵在下，席在上。原料有苇、草、麦秸、竹、藤等。

席有各种名称。未秀之苇编席叫作“芦席”；长成之苇编席叫“苇席”；稻草、麦秸编席叫“稿”；蒲草编席叫“蒲”；竹、藤编席叫“簟”等。古时坐席的习惯一直延续到隋唐时期。

■戈鸟纹提梁卣

床是席的发展，是对“席地而卧”的改善。商代开始有文字记载的历史中也有关于床的记载。例如，“床”字表示一有床腿支撑的平展床面。“宿”好似人坐卧在室内，“梦”犹如人卧于床榻上，“疾”像病人因疼痛而汗滴如雨躺卧在床上。

《说文解字》简称《说文》。作者是我国东汉时期的经学家、文字学家许慎。《说文解字》成书于公元100年至公元121年，是我国第一部按部首编排的字典。根据文字的形体，创立540个部首，将9353字分别归入540部，系统地阐述了汉字的造字规律。

古代文字教材《说文解字》释为“判木为片，即制木为板”，其中的木片就是床的解释。从甲骨文和金文床的形象，可知此时尚没有床栏。

《说文解字》：“床，安身之几坐也。从

■兽面纹瓿

木，爿声。”《释名》：“人所坐卧曰床。床，装也，所以自装载也。”

床最早见于河南长台关战国楚墓出土的竹竿缠丝加铜构件作栏大床，该床长2.25米、宽1.36米。床屉很低，仅高0.21米。

还有一张大床发现于湖北荆门战国楚墓，长2.20米、宽1.35米，为折叠式构造。

山西陶寺夏文化遗址有数件最早的木案，这批木案仅高不到0.2米，可见那时席地坐卧的生活。

商代时青铜器已经在统治阶级生活中大量出现，从宗教与政治活动中使用的礼器到生活中用的酒器、餐具、炊具等逐步向真正意义上的家具转化。

以前祭祀用的用具礼器，如“几”“俎”“禁”等发展出了“案”“箱”“柜”等家具。从当时悬挂于堂上、尺寸超大的王权象征的礼器“斧”“钺”发展出了屏风。

普及率最高的“席”的功能在社会上层也逐渐兼顾了政治、礼仪等多种用途，与平民百姓的“席”无论是选材、设计，还是外观皆有不同，是显示气度与华贵含义的精神载体。

《周易》中记载了“莞”“藻”“次”“蒲”“熊”等多种席。它们所采用的材料与花色各有不同，装饰手法也各具特色。

当时的家具除席外，多数是采用

《周易》 亦称《易经》《易》，在祖国传统文化宝库中占有重要的席位。《周易》是一部我国古哲学书籍，是建立在阴阳二元论基础上对事物运行规律加以论证和描述的书籍，其对于天地万物进行性状归类，天干地支五行论，甚至精确到可以对事物的未来发展做出较为准确的预测。

■白陶盉

图腾 就是原始人迷信某种动物或自然物同氏族有血缘关系，因而用来作为本氏族的徽号或标志。是原始人群体的亲属、祖先、保护神的标志和象征，是人类历史上最早的一种文化现象。

浇注、雕刻手法纹饰精美抽象、夸张的图腾造型的青铜器。所以广义上说，那一时期的家具是“青铜家具”。

俎是古时的一种礼器，为祭祀时切割牲和陈放牲的用具。俎的历史最久，对后世家具的影响也最深。俎为四条腿，前后腿下端加一横木，使俎腿不直接着地，由横木承接，这是后世家具“托泥”的始祖。

如饕餮蝉纹俎，为青铜制成，俎面狭长，两端翘起，中部略凹。周身绕以蝉纹、夔纹、饕餮纹。可以从这种板足俎的造型中看到后世桌案类家具造型的身影。

这种四足俎延至周朝，上部的俎面为倒置梯形，上宽下窄，四壁斜收。俎面为槽形，是后世出现的带拦水线之食案先驱。

据文献记载，在传说的远古部落有虞氏时代，便有了俎，它为后世的桌、案、几、椅、凳等家具奠定了基础，可谓是桌案类家具之始祖。

■ 饕餮纹罍

几在古时是专为长者、尊者所设的凭倚用具，一般放在身前或身侧，所以几也可以说是靠背的母体。但到了春秋战国时，几的使用就不只是凭倚，还可放置器物，已具有桌案的功能了。

禁是商周时的礼器，祭祀时放置供品和器具

的台子。如宝鸡商墓发现的青铜禁，长方体，似箱形，前后各有8个长孔，左右各有2个长孔，四周饰以夔纹和蝉纹。从此器上可看出箱柜的原始形态。

扆，即斧扆，或写作“黼依”，是古代天子座后的屏风。在周朝是天子专用的器具。它以木为框，糊上绛紫色的帛，上面画着斧纹，斧形的近刃处画白色，其余部分画黑色，这是天子名位与权力的象征。

我国古代的家具设计有着非常悠久的历史。商周的青铜器中有不少雕饰精美的俎、禁之类的家具。

在河北平山发现的战国时期的金银镶嵌龙凤案，便是早期铜制家具中的一件珍品。此案高0.37米，长宽0.48米。器足以四只昂首挺胸的卧鹿承托一圆圈，圈足上是四条有翼的飞龙，龙体盘曲向上钩住每一侧的龙角，使其联结在一起呈镂空的球状。

每一条龙体的交连空隙处有一展翅的凤凰。每一条龙头上顶一斗拱形饰件，上架方案的边框。在造型上，鹿的形象驯良，龙的姿态雄

兽面纹觚

健，凤作长鸣欲飞的样子，情态生动，富有生命力。

金银镶嵌龙凤案在工艺处理上光滑，焊缝无痕，表现出高超的冶金技巧，是一件精美的青铜工艺珍品，也是具有很高艺术性、技巧性与实用性的家具设计佳作。

河南信阳发现的战国时期雕花木案，案两端各有四条腿，以横木承托。案面雕有花纹，虽经地下埋藏2000年，仍可辨其线条。

另外，在家具上髹漆和绘漆，是春秋战国时代家具的重要特色。随着漆工艺的不断发展，当时漆家具的品种明显增加。从众多的商周时期遗物来看，除了漆俎、漆几等原有品种之外，还新添了漆木床、漆衣箱、漆案等种类。

湖北随州曾侯乙墓中发现的战国时期漆案，案面较宽，下有六条腿，脚下有横木承托；漆面装饰华丽而庄重，时代特色浓厚。

同一地点的一件彩绘漆几，由三块木板榫接而成，结构合理，竖立的两块木板为几足，中间横板为几面。立板侧面绘饰云纹，精美无比。

另外还有一件战国漆衣箱，为长方形，箱盖隆起，箱盖箱底四周有把手，可合在一起。箱身黑漆红纹，非常精美。

湖南长沙楚墓的战国黑漆俎，整体上有黑漆。俎

曾侯乙 姓姬名乙，他是战国时期南方小国曾国的国君。约在公元前463年前后成为诸侯王，在位约30年。生前非常重视乐器制造与音律研究，兴趣广泛，同时也是擅长车战的军事家。

面一边有垂沿儿，两足似几腿，腿下有木坨承担，造型独特，简单实用，素面无饰。

同时发现的战国凭几，造型沿用至魏晋时期，是最典型的凭几。几面以黑漆为底，略绘彩色花纹。

而河南信阳楚墓发现的彩绘大床，更是我国现存古代家具中的罕见珍品。该床长2.12米，四周立有围栏，两侧留有上下口，床面为活动屉板。

彩绘大床装饰技法上以彩绘和雕刻为主，通体饰有髹漆彩绘。这样既保留了家具的实用性，又提高了观赏价值，从而为汉代处于漆家具的高峰期拉开了序幕。

信阳楚墓还有一件战国金银彩绘漆案，长1.5米、宽0.72米、高仅0.12米，在漆底上绘有金、银漆，华美而简洁。

另外，如战国时期的黑漆朱绘三角纹木俎，造型古朴敦厚，绘饰有极精美的三角形几何图案。从这一时期的俎的造型来看，已经具有了桌案的雏形。

湖北江陵望山战国楚墓中的一件彩绘木雕小座屏，长0.518米、高0.15米，楚国匠师将凤、鸟、鹿、蛙、蛇等55个动物交错穿插，回旋盘绕，栩栩如生。

除此之外，战国彩绘猪形盒，由盖与盒身合成，两头雕刻成猪头状，身下雕踞伏四足，神态憨厚可掬，可以看出当时木器工匠们的

江陵 又名荆州城。江陵的城市前身为楚国国都"郢"，从春秋战国到五代十国，先后共有34代帝王在此建都，历时515年。至汉朝起，江陵城长期作为荆州的治所而存在，故常以"荆州"专称江陵。在1600余年间，江陵的建都有楚、南北朝和五代三段高潮。

■兽面纹斝

储物陶器

巧妙构思和娴熟技术。

战国彩绘鸳鸯盒整个造型为一只立雕的鸳鸯，头部可以转动，身体镂空，背部有一长方形口，用一浮雕夔龙的盖覆于口上，将口遮严。全身以黑漆为地儿，朱绘羽纹，其间点饰着一些黄色斑点。

它巧妙地将鸳鸯的造型融于实用器中，再利用漆器的特长，饰以精美的图案，成为一件具有隽永艺术魅力的精品。

另外，战国彩绘虎座鸟架鼓也是一件古代家具精品。

夏商周开始，家具的各种类型都已出现。家具与建筑一样，因社会生活和文化的不同而有时代、地域的不同风格，且往往与建筑同步发展。其构造方式也往往与建筑相通。

阅读链接

春秋时期，奴隶社会走向崩溃，整个社会向封建社会过渡，到战国时期生产力水平大大提高，人们的生存环境也相应得到改善，与前代相比，家具的制造水平也有很大提高。

尤其在木材加工方面，出现了像鲁班这样的技术高超的工匠，不仅促进了家具的发展，而且在木构建筑上也发挥了他们的才能。

由于冶金技术的进步，炼铁技术的改进给木材加工带来了突飞猛进的变革，出现了丰富多彩的加工器械和工具，如铁制的锯、斧、钻、凿、铲、刨等，为家具的制造带来了便利条件。相传锯子就是由鲁班发明的，工艺的改进也促进了家具的改进。

精美绝伦的秦汉家具

秦国原是居住在我国西部的一个部落，由于秦国的变法比其他六国彻底，生产不断发展，逐步变成了强盛的国家，对东部国家进行兼并战争。

公元前221年，秦始皇统一六国，建立了封建的中央集权国家，即大秦王朝。秦朝为了加强统治，巩固国家的统一，大力改革政治、经济、文化，统一法令、统一货币、度量衡和文字，这种集权的政治制度，反映在家具上是它的统一性和规模性。

另外，秦始皇和秦二世集中全国人力物力与技术成就，大兴土木，构筑都城、宫殿、陵墓。秦朝的建筑具有雄伟、浑厚、博大、瑰丽的特点。

漆器

坛庙 古人用来祭祀天地、日月、山川、祖先、圣贤、神灵的纪念性建筑。《周礼·春官》中载有典祀，负责四郊坛庙的祭祀。其后历代都有掌坛庙祭祀的官员。祖庙与社稷坛如北京岱庙、北京社稷坛等；天、地等坛如天坛、地坛；圣贤坛如曲阜孔庙及孔府等。

秦都咸阳规模宏大，雄壮宏伟的宫殿楼阁是需要大量家具的，秦朝家具在数量上极可能超过了春秋战国。

进入汉朝时期，处于封建社会上升时期，我国封建社会进入第一个鼎盛时期，社会生产力的发展促使建筑、家具工艺产生显著进步，汉朝家具工艺有了长足的发展。

汉朝除了大规模建造宫殿、坛庙、陵墓外，贵族官僚的苑囿私园也出现了，它们的兴建和兴起共同推动了家具的发展。因此，秦汉时期既是我国古代建筑史上的又一个繁荣期，也是我国低矮型家具大力发展的时期。

汉朝家具在继承战国漆饰的基础上，漆木家具进入全盛时期，不仅数量大、种类多，而且装饰工艺也有较大的发展。汉代漆木家具杰出的装饰，使得汉代漆木家具光亮照人，精美绝伦。

此外，汉朝时还出现了各种玉制家具、竹制家具和陶质家具等，并形成了供席地起居完整组合形式的家具系列。

漆器茶案

那时，人们席地而坐，所用的家具一般为低矮型，如席子、漆案、漆几等，随用随置，并没有固定的位置。可视为我国低矮型家具的代表时期。

这一时期家具开始出现由低矮型向高型演进的端倪，并出现了软垫，而且制作家具的材料较为广泛。具体来说，秦汉时期室内陈设格局风格和家具的设计、制作、用材上都极有特点。

首先表现在以床榻为中心的起居形式。秦汉住宅建筑发展比较成熟，但由于经济条件和社会地位的差异，其住宅建筑规模大小、格局也不一样，所以没有固定的模式。从大量的秦汉住宅建筑及明器上看，有的住宅规模很大，独立构成一个院落，也有较小的三合式与日字形平面住宅，其中住宅的室内环境使用功能相对比较完善。

鱼人雕塑漆器

一般来说，多数住宅建筑中均设堂屋。住宅内主要有卧室、厅、堂屋和厨房等几种房间类型。而有些官宦及大户人家的大型住宅其大门两旁还设有门房，可以居留宾客。

住宅中前堂为主要建筑，后堂门内则设有居住的卧室、各种厨房和饮食、歌乐、库房等房间。普通家庭所居住的较小的住宅，只能简单地设置卧室和厨房等房间，以满足基本的居住需要。

住宅内各种房间的基本功能与家具的陈设格局，在许多汉代的住宅建筑、明器、墓室壁画和画像石上都能够看到。从许多住宅明器上的板门、交棂窗、窗内的帷幕、院中的晒衣木架，以及墓室壁画和画像石上有描绘住宅内生活的场景，可以了解当时住宅室内

明器 就是陪葬器。我国以物陪葬的习俗古已有之。夏商时代的墓穴就有陪葬的人、兽、日用器物及金银玉器。战国至汉代早期厚葬之风大盛，许多王公贵族死后往往将他们生前所用的奴仆、器物一同下葬。到了汉代后期，已有采用替代品陪葬的例子了，如各种陶狗、陶羊、陶壶、陶猪舍等，这些才是真正意义上的明器。

漆器木盒

的功能与家具陈设。

卧室是住宅中最主要的房间，秦汉时的卧室多为正房，除了有地位的大户人家有专门用于会客的厅堂以外，多数家庭的卧室功能除了用于睡眠，还兼作起居室，往往将会客、用餐和梳妆等其他日常起居活动融于卧室之中。

秦汉的建筑封闭性较差，南北方的室内家具设施与陈设格局略有不同。北方地区寒冷多风，卧室内以炕为主。设置床榻时，床榻上多数安放各种屏风，有些物品可以直接放在屏风上的格架上。

卧室中的床、炕等家具和设施陈设位置的上方往往设置帷幕，即使摆放架子床也是如此。

这一点从东晋、北魏的墓室壁画上也可以看到，壁画中男女主人的上方有悬挂帷幔的架子床的骨架。这与北方传统的住宅室内格局是相吻合的。

而南方地区比较温暖，当时卧室内架子床较少，设置带有围屏或床屏的床较多，这类床很少设置帷

屏风 古时建筑物内部挡风用的一种家具，所谓“屏其风也”。屏风作为传统家具的重要组成部分由来已久。屏风一般陈设于室内的显著位置，起到分隔、美化、挡风、协调等作用。它与古典家具相互辉映，相得益彰，浑然一体，成为家居装饰不可分割的整体，而呈现出一种和谐之美、宁静之美。

幕。除了战国时期所见信阳的木床如此以外，还可以从马王堆漆棺画上见到这类床的形制。

当时，普通人喜坐在席或床上，经济富裕者除席、床外，还有专供坐的榻，形成以床榻为中心的起居形式。室内生活以床、榻为中心，床的功能不仅供睡眠，用餐、交谈等活动也都在床上进行，大量的汉代画像砖、画像石都出现了这样的场景。

在一些有地位的家庭中，往往单独设置客厅或厅堂，汉墓的明器和辽阳汉墓壁画《家居图》中都体现了该生活场景。在明器中出现的男女主人公在厅堂内对坐相伴。

壁画《家居图》中，夫妻对坐于卧室内的架子床前方的榻上。男主人坐于榻上，前置一外曲栅足书案，案上有烛。女主人则坐于席上，前置一圆食案，上面摆放有碗碟等物品。

从这里可以看到厅堂内的格局、家具陈设与当时

马王堆 位于长沙市东郊浏阳河西岸，是西汉初期长沙国丞相、轪侯利苍的家族墓地，原为河湾平地中隆起的一个大土堆，根据2号墓中发现“长沙丞相”“轪侯之印”和“利仓”3颗印章，确定该墓墓主即为第一代轪侯利仓，而1号和3号墓分别为利仓的妻与子之墓。两冢顶部平圆，底部相连，形似马鞍，故也有人称其为马鞍堆。

■漆器木梳

《异物志》 我国汉唐时期一类特殊的典籍，主要记载当时周边地区及国家的物产风俗，内容涉及自然环境、资源物产、社会生产、历史传说、风俗文化等许多方面。从汉到唐，至少有22种以上以《异物志》命名的著作出现。

西域 我国汉代以来对玉门关、阳关以西地区的总称。狭义上专指葱岭以东地区，广义上则指凡通过狭义西域所能到达的地区，后亦泛指我国西部地区。西域到了后来演变为我国的西部地区的含义，所以青海、西藏亦属于西域范围。

的生活习惯，还可以从男女主人所坐的家具、位置高低的不同，看到当时由于社会地位的不同，男尊女卑的影响依然存在。

床与榻略有不同，床高于榻，比榻宽些。榻除了陈设于卧室的床前以外，较大住宅中的榻主要是放在厅堂之中。榻有床榻和独榻之别，其使用扩大到日常起居与接见宾客都在榻上进行。

较大的榻上还放置有几，后面和侧面还立有折屏，有些屏风上还安装有器物架子。长者和尊者还要在榻上设幔帐。独榻较小，平时悬挂墙上，主要供来客使用。

设置于床上的帐幔也有重要作用，夏日避蚊虫、冬日御风寒，同时起到美化的作用，也是显示身份、财富的标志。

《异物志》中多处有“锯床”“箕锯床”的记载。《后汉书》中记东郡太宁“冬日坐羊皮，夏日坐一榆木板蔬食出界买盐鼓食之”。

在东汉后期，随着与西域各国的频繁交流，北方少数游牧民族进入中原地区，打破了各国间相对隔绝的状态，胡床逐由西域输入，渐受欢迎。

漆器木盒

所谓胡床，就是可张可合、携带便捷、可以折叠的马扎，后来被发展成交椅等，更为重要的是为后来人们的“垂足而坐”奠定了基础。《益都耆旧传》中有“锯胡床，垂足而坐”之说。据《太平御览》记载：“灵帝好胡床。”

漆器木盒

床榻在秦汉时期得到很大发展，床开始向高型发展。《益都耆旧传》中说：“刺史每自坐高床，为从事设单席于地。”

榻也有大者。《三国吴志鲁肃传》记载：

周瑜荐肃与孙权与语甚悦之，众宾罢退，乃独引肃还，合榻对引密议天下事。

从秦汉时期的壁画、画像砖、画像石、漆画、帛画、雕塑、板刻中可以推断，床榻是当时使用最多的家具之一。《后汉书徐稚传》：

陈蕃为太守，不接宾客，唯徐来，特设一榻去则悬之。

河北望都汉墓壁画中，“主记史”和“主簿”各坐一榻。两榻形制，尺寸基本接近。腿间有弧形券口牙板曲线，榻面铺有席垫。

《太平御览》 我国宋代的一部著名类书，为北宋李昉、李穆、徐铉等学者奉敕编纂。《太平御览》采以群书类集，分55部550门而编为千卷，所以初名为《太平总类》；书成之后，宋太宗一天看3卷，一年才读完，所以又更名为《太平御览》。

精美的漆器罐

陕西绥德大瓜梁汉墓的石刻门楣，主人端坐小榻，前有人跪拜。江苏徐州洪楼村和茅村汉墓画像石上，都有一人独坐榻上。徐州十里堡东汉墓画像石中，有三人跪拜，一人端坐榻上的刻画。

河南郸城发现的汉榻为长方形，四腿，长0.875米，宽0.72米，高0.19米，腿足横断面矩尺形，腿间也有弧形曲线。榻面刻有隶书："汉故博士常山大傅王君坐榻。"

秦汉时期的屏风常与床榻配合使用。侧有屏风，烘托有序，配合建筑隔断，起到挡风、屏蔽、分割、美化室内空间的作用，营造安静、稳定的空间区域氛围和效果。

榻屏是屏与榻相结合的新品种，标志汉代新兴家具的诞生。东汉李尤有一首《屏风铭》：

舍则潜避，用则设张，立必端直，处必廉方，雍阏风邪，雾露是抗，奉上蔽下，不失其常。

简短数句，描述了当时屏风的状态。

从汉代铜镜的装饰图形中看出，汉代的屏风多为

《西京杂记》 我国古代笔记小说集，其中的"西京"指的是西汉的首都长安。该书写的是西汉的杂史，既有历史也有西汉的许多遗闻逸事。作者疑为葛洪。其中有人们喜闻乐道、传为佳话的"昭君出塞""卓文君私奔司马相如"等许多妙趣横生的故事。如成语"凿壁借光"，就是从该书的匡衡的故事中流传出来的。

两面型和三面型。

《西京杂记》里记载有：

云母屏风，琉璃屏风，列宝帐于桂宫，时人谓之四宝宫。

此时屏风一般多有装饰。郑玄注《周官》云：“邸，后板也；其屏风邸，染羽像凤凰以为饰。”

厨房是住宅中提供饮食、进行炊事活动的房间，汉代住宅中的厨房已经完全同其他房间分离开来，几乎每个家庭都有单独的厨房。

橱柜是厨房中的主要家具，多数陈设于房间的一角。辽阳汉墓室壁画《庖厨图》描绘的是一个有关厨事活动的场面，实际上也是体现了汉代厨房室内的使用及家具陈设的情形。

在这幅图中可以看到，厨房左上角布置了一件庑殿式顶盖的木橱，这是厨房中最主要的陈设家具，往往陈设在厨房的一角。一个丫鬟在开柜门，橱柜内放壶一把。

厨房中部摆放四足方案，旁边有四足圆案叠落，更多的四足方案叠落在远处，从中可以得知当时食案用完以后是收入厨房之中的。

琉璃 亦作“瑠璃”，是指用各种颜色的人造水晶为原料，采用古代的青铜脱蜡铸造法高温脱蜡而成的水晶作品。其色彩流云霓彩、陆离斑驳；其品质晶莹剔透、光彩夺目。琉璃是佛教“七宝”之一、“中国五大名器”之首。我国琉璃生产历史悠久，最早的文字记载可以追溯到唐代。

■精美的漆器鹿

奁 原指古代用来盛梳妆用品的匣子，后来泛指盛放器物的匣子。还指陪嫁的所有东西，比如奁田指陪嫁的田产；奁匣是陪嫁的镜匣；奁币为陪嫁的财物等。漆木制，也有陶制的明器。流行于战国至唐宋年间，呈圆形、长方形或多边形，大多分层。

图中许多人的前面都放置四足方案、圆案待用，有的人弯腰正在俎上切肉，体现出忙碌的厨事活动场面。

这种情形还可以在云南大约同时期的铜奁盖上的雕塑，以及东吴的漆盘中看到，当然这种生活场景是出现于有一定社会地位的家庭。

在四川彭县的汉代画像砖上也有一幅《庖厨图》，图中除一人正在烧炊外，两人并坐于一曲栅足案前待食，后边同样叠落多个四足圆案，这个情形与辽阳汉墓《庖厨图》中两人并坐于一长条案后待食的画面完全相同。

从这两幅不同地域的《庖厨图》中可以知道，当时我国住宅内厨房的陈设、炊事习惯是大致相同的，食案叠落于厨房之中是普遍的现象。

■ 虎耳漆器瓶

秦汉时俎类家具品种较多，造型浑厚。除了在祭祀时盛放各种供品以外，通常都在厨房中作为砧案使用。古人起居方式可分为席地而坐和垂足坐两种方式，秦汉时期低矮型家具逐渐兴起与发展，并出现高型家具的雏形。家具形体变化主要围绕着低矮家具和高型家具两大系列。

西汉时期，由印度传入榻登。《释名》注：“榻登，施之大床前小榻上，登以上床也。”既然要在床前设榻登上床，说明那时床的高度有所增高。

秦汉高型床的兴盛和坐榻的出现，导致床前设几、榻侧设几的陈设组合应运而生。

汉代卧室中大型架子床往往放在卧室两侧或对门的墙边，床的两侧及床前可陈设床几。使用时除睡眠外，南方人多坐于床沿。较小的床两端多有床屏，床屏外侧放置床几。

盘蛇造型漆器

架子床的整体为长方形，床面中间镶板，可以在上边陈设箱笼等物。床的四角在前代围屏床的基础上增加了摆放竹帘、蚊帐或帷幕的四根柱架，用以支撑床岭，也就是床顶盖，或悬挂帷幕幔帐。

有的床的后面及两侧均设可以拆卸的围屏或雕花式围栏，极少数为半屏，床前边采用罩的形式，并设床几。

这种造型与前代有明显的不同，后来历代床的造型与装饰几乎都吸收了这个特点。从晋《女史箴图》和马王堆汉墓漆棺画上床前、床侧的案几来看，床几不仅可以作为座具使用，而且起到承托作用，用来放置各种包袱、物品。

几在汉代是等级制度的象征，皇帝用玉几，公侯用木几或竹几。几置于床前，在生活、起居中起着重

《女史箴图》

“女史”是女官名，“箴”是规劝、劝诫的意思。西晋惠帝司马衷不务正业，国家大权为其皇后贾氏独揽。朝中大臣张华便收集了历史上各代先贤圣女的事迹写成了九段《女史箴》，以作劝诫和警示。后来顾恺之就根据文章的内容分段为画，除第一段外每段有箴文，各段画面形象地揭示了箴文的含义，故称《女史箴图》。

漆器木箱

要作用。

案的作用相当大，上至天子，下至百姓，都用案作为饮食用桌，也用来放置竹简、伏案写作。《西京杂记》中记述，汉时天子的玉几上冬天加有丝绵织物，大臣的木几上则加用橐，即毛毡缝制的口袋。这是最早出现的软垫。

几主要有案几、凭几两类。用于陈设物品的案几，几面较前代明显加宽，用来摆设各种物品。

湖南长沙汉墓有一件漆案几，其做法极为少见，长条形几面是用整块木材雕成的，几面向内凹成弧形，几面浅刻云纹，两端刻兽面，脚型是有附趾的栅足，这种案几是用来陈设包袱、物品的家具。

凭几是有3个蹄形足的特殊家具，几面较窄，几面后部上脑凸起一定的高度，上脑与扶手整体呈圈椅上部的半圈状，与汉榻配合使用，是供人们休息凭扶

竹简 战国至魏晋时代的书写材料。是削制成的狭长竹片、木片，竹片称简，木片称札或牍，统称为简，均用毛笔墨书。竹简每片写字一行，将一篇文章的所有竹片编联起来，称为“简牍”。是我国古代先民在纸张发明之前书写典籍、文书等文字载体的主要材料，是我国最古老的图书之一。

的一种家具。

徐州汉代画像石上就有一人坐于床榻上，身体向后倚靠在一只三足凭几上的形象。凭几因社会地位的不同，使用与陈设方式也是有区别的。

汉代的几主要作用是在坐席时可以倚靠，讲求倚几而坐，形式有曲凭几、陶几等。几为常用家具，也是文人赋家的吟咏之物。梁孝王曾召集众文人游华宫，并让大家作赋吟咏宫殿陈设。

汉几在装饰上也有所区别。汉代几和案的形象在画像砖、文献、壁画、帛画和青铜器中都有体现。

几和案的主要区别在于几为凭倚之物，面窄，有一定高度；案是放置东西的承具，案面较宽，比几略低。

汉代的饮食用案已经极为普遍，因为当时仍以席地而坐为主，所以食案较低，而形态材质多样。

如广州沙河汉墓的铜银案为圆形，南昌汉墓的食案为长方形，河南灵宝汉墓的为陶食案，云南昭通汉墓的为长方形铜食案。它们具有案边起沿、案腿形式多样和相对轻巧的共同特点。

不过，汉代的案类家具已逐步加宽加长，主要有书案、食案两类。就其数量而言，前者明显多于后者。

其中食案的品种较多，既有兼作书案的高足食案，也有成语典故中“举案齐眉”所用有拦水线的矮足食案。

案的使用从汉代墓室壁画《家居图》上图可以看到，

漆器木匣

男主人经常用于会客、书写的长条案平时放于床榻前边，位置比较固定。而矮足食案平时陈放或叠放于厨房，从《家居图》下图中看到只有宴饮时，才将矮足于圆食案放在床榻前的书案之上，构成叠案的形式。

单纯用来就餐的高足食案则是使用时陈设于卧室或厅堂的榻前，用毕则收于厨房内叠放或陈设，这种使用方式同样是与人们的社会地位有关系。

书案为读书议事之物。《东观汉记》记载："更始韩夫人侍饮，见常侍奏事，怒起抵破书案。"从甘肃武威墓的木案和山东沂南汉墓的栅足书案看，书案长于食案，也略高于食案。

汉代的墓室壁画，多有反映记录当时家具的形制，使用及组合形式。河南密县打虎亭东汉壁画《百戏图》画面有案于中，案上设杯盘等食具，案旁各坐一人，两侧侍从或跪或立，侍奉主人。

长沙马王堆汉墓发现的《西汉帛画》也有食案，画着一贵妇前两个捧案跪迎的奴仆，案上有精美的文饰，置有鼎、壶、耳杯等祭器。看来，汉食案也可用作相近用途，如祭祀。汉案材质构成丰富异常，除木案、陶案、铜案外，尚有漆案。

漆器酒杯

秦汉时期的漆饰继承了商周，同时又有很大的发展，创造了不少新工艺，髹漆作坊遍布全国各地，髹漆技术进入了一个新的发展阶段。

连云港花果山下的唐庄汉墓漆案，案周身以黄、群青等色彩绘成精美而整齐的图案。长方形案面两端各有雕镂成四条龙形的柱足，并用十分纤巧的接合部件以支撑面板。

秦汉时，箱笥等家具使用已经比较广泛，卧室内陈设各种存放衣物的木、竹箱笥，厨房则放有存放食具、酒具、粮食的箱笥等。

江苏邗江胡场汉墓有一件双层漆笥，马王堆汉墓里也发现大量的竹笥与木箱。

橱和柜都是汉代出现的家具，有别于传统箱笥，多为贮藏较贵重的物品。汉代橱柜经历了两个阶段：

第一阶段的柜形低足，启门上开，体量大，容量也大；第二阶段约为东汉晚期，这时产生了立柜，可以认为系从仓库的橱发展变化而来，从陶仓陶橱模型中可看出渊源关系。

汉代家具新品尚有衣柜、镜台。镜台汉代壁画出现了最早的镜台形象，为圆形底座上贯长方板，顶上安装圆盘。奁平时被收藏起来，只有在人们梳妆时才取出，或席地而坐、或坐于榻上，用架将铜镜悬起，旁置各种妆奁。这种情形可以在东晋《女史箴图》中可以看到。

秦汉家具的特点是礼教性的含义逐渐减少，实用性日益加强。以髹漆木质家具为主要特征，几乎每件家具都以髹漆彩绘。

汉代家具时期是继战国髹漆家具以来的一个鼎盛时期。采取的是黑地儿红绘，又是典型的汉代家具装饰手法。

秦汉家具的装饰风格集中反映了秦汉

彩绘 在我国自古有之，被称为丹青。其常用于我国传统建筑上绘制的装饰画。我国建筑彩绘的运用和发明可以追溯到2000多年前的春秋时代。它自隋唐期间开始大范围运用，到了清朝进入鼎盛时期，清朝的建筑物大部分都覆盖了精美复杂的彩绘。

■储物用漆器

云气纹 是一种用流畅的圆涡形线条组成的图案，是我国传统的纹样。商周的“云雷纹”、先秦的“卷云纹”、两汉的“云气纹”和隋唐以来的“朵云纹”“如意纹”，都是当时典型的、定型化的纹饰，从陶器，青铜器，漆器，铜镜到陶瓷，都能看见它活跃的身影。其产生的根本原因是汉魏时代对自然的崇尚和对神仙的崇拜。

文化的时代特点，家具上的装饰花纹主要以云气纹为主，其表现形式有十几种之多。流云飞动的装饰成为这个时代家具装饰最明显的特征。

家具彩绘所用颜料，有的调油、有的调漆，所以经久不脱色，色泽鲜艳。还有堆漆的方法，用近似锤柁的用具挤压漆液形成起线的装饰花纹，雕刻手法被广泛用于家具的装饰艺术中。

汉代漆器生产中心主要集中在四川蜀郡和广汉郡。公元前85年至公元61年，是汉髹漆技术和生产的鼎盛阶段。汉代漆器数量之多，分布之广，几乎遍及全国。反映了汉代使用漆器已十分普遍。

秦汉家具的材料除木材外，还有金属、竹、玻璃、玉石等。距今已有6000年至7000年历史的河姆渡遗址中有一件木胎漆碗，碗的内外均有很薄一层朱红色生漆涂料，色泽鲜艳，微有光泽。

漆是漆种木本植物的分泌物，主要成分是漆醇。从漆树上提取的漆汁中含有一些水分，称为生漆。生漆在日光下边搅边晒脱水以后，就成了深色黏稠状的流体，称为熟漆。把它刷在用具上，就成为原始的漆器。加入彩色颜料，就成为原始的色漆。

■ 储物用漆器

我国古人在制漆器时，常在漆里掺入桐油等干性植物油。制造彩色漆器则用桐油与各种颜料或染料混合而成的油彩加绘各种花纹图案，形成了具有独特民族风格的漆

器工艺。

秦汉时期油漆技术进入新的发展阶段，遍及全国各地，《史记·滑稽列传》中有关“阴室”的记载，阴室是制漆时的特殊专用房间，因为漆醇在阴湿环境下容易聚合成膜，干后又不易裂纹，阴室的设置为此提供条件。

汉代官营漆器作坊分工很细，有素工、髹工、上工、黄涂工、画工、清工、造工等工种。

秦汉在家具设计上，实用和美观相统一。榫卯构造向灵巧活动方向发展，设计意匠极为巧妙。如设计活动几、活动屏风等，家具造型大多呈直线形，方方正正，大有“无规矩不成方圆”之意。透过依附于家具本身抽象直线的造型和流云飞动的装饰，让人们看到辉煌灿烂的秦汉王朝的遗风。

阅读链接

成语“举案齐眉”中的梁鸿，字伯鸾，由于梁鸿的高尚品德，许多人想把女儿嫁给他，梁鸿谢绝他们的好意，就是不娶。与他同县的孟氏有一个女儿孟光，长得又黑又肥又丑，而且力气极大，能把石臼轻易举起来。每次为她择婆家，就是不嫁，已30岁了。

父母问她为何不嫁。她说：“我要嫁像梁伯鸾一样贤德的人。”梁鸿听说后，就下聘礼，准备娶她。

后来他们一道去了霸陵山中，过起了隐居生活，他们以耕织为业，或咏诗书，或弹琴自娱。 不久，梁鸿为避征召他入京的官吏，夫妻两人离开了齐鲁，到了吴地。

梁鸿一家住在大族皋伯通家宅的廊下小屋中，靠给人舂米为生。每次归家时，孟光备好食物，低头不敢仰视，举案齐眉。梁鸿也总是彬彬有礼地用双手接过盘子。他们夫妻相互尊敬，恩爱地生活着。

婉雅秀逸的魏晋南北朝家具

从商周至三国时期，跪坐是人们主要的起居方式，因而相应形成了低矮型的家具设计。席与床、榻是当时室内陈设的最主要家具。直到汉朝时期，床、几、案、衣架等都还很低矮，屏风多置于床上。

而到了魏晋南北朝时期，胡床逐渐普及民间，并且出现了其他各种形式的高坐具，如扶手椅、圆凳、方凳等。

南北朝时期的青瓷印纹唾壶

这时，我国历史进入了一个较长的分裂期，魏、蜀、吴三国鼎立，最后由西晋结束，西晋皇族后来又在江南成立了东晋；我国北方则陷入民族混战，出现了许多政权，称十六国。每个朝代的家具与社会及社会主体是紧密相连的，并以人的需要而诞生、变更，魏晋南北朝时期是我国古代家具设计的重要转折点，以社会的前进而发展。从文化的各个方面可以看到社会对家具的影响和相互作用，可以说家具诞生于社会文化。

其原因在于，魏晋南北朝是我国历史上思想发展的重要历史时代，也是继战国“万马齐喑”之后又一个思想解放的时期。随着儒学的深入普及，新的人生价值观、生活生产观、社会伦理观不断产生，哲学也不断发展，魏晋玄学应运而生。

这个时期，北方和西方民族的内迁和佛教的普及，都对家具的发展产生了重大影响。我国建筑从此时开始发生的最显著的变化，首先在于起居方式及室内空间方面，即从汉以前席地跪坐，空间相应较为低矮，逐渐改为西域“胡俗”的垂足而坐，高足式家具兴起，室内空间也随之增高。

北周鎏金胡瓶

三国 我国历史上东汉与西晋之间的分裂对峙时期，有曹魏、蜀汉、东吴三个政权。三国时代波澜壮阔，充满生机，常引起后人追思。晋代陈寿所著史书《三国志》，对研究三国历史颇有参考价值。明代罗贯中以三国历史为蓝本，编撰小说《三国演义》，成为中国四大名著之一。

始于魏晋南北朝的这一趋势，对以后的影响越来越大。佛教在这一时期渐趋普及，也对家具产生了一定影响，主要体现在如“壶门”的出现和莲花纹等装饰纹样的使用。

人们起居方式和家具从低向高渐变的关键转折是历史的必然。从此我国家具设计才算有了真正意义上的进步，并为今后明代家具的辉煌打下了基础。我国家具发展史上，魏晋南北朝时期确实是一个非常重要的时代。

古代胡床

各民族之间文明、经济的交融，对家具的发展起到促进作用。魏晋南北朝时期上承两汉，是我国历史上的一次民族大融合时期。下启隋唐，从此，为以后各朝代家具的兴盛发展奠定了基础。

这一时期，中原地域的汉人接收了不少外来的观点。这种风尚的传播开始时是自上而下的，并在胡汉杂居的东南地区首先为部分汉人接受。

《后汉书·五行志》中便记载，汉灵帝“好胡服、胡帐、胡床、胡坐……”甚至“京师贵戚皆竞为之”。在这种背景下，各种各样的高型家具相继兴起。胡床等高型家具传入，并与中原家具融会，使得部分地区泛起了渐高家具，椅、凳、墩等家具开始渐露头角，卧类家具亦渐渐变高。

床明显增高，能够垂足而坐，并加了许多床顶、床帐和可拆卸的多折多叠围屏。

这时也出现了许多新的家具款式，如胡床、凭几、椅、凳等。最大的发展是高型坐具如凳、筌蹄、胡床和椅子等的开始出现，以适应垂足而坐的生活。

关于凳子的最早记载，可见《晋书·王羲之传》：

魏时凌云殿榜未题，而匠者误钉之，不可下，乃使韦仲将悬橙书之。

王羲之（303-361年），东晋书法家，他博采众长，精研体势，一变汉魏以来波挑用笔，独创圆转流利之风格，隶、草、正、行各体皆精，被奉为“书圣”。其作品真迹无存，传世者均为临摹本。其行书《兰亭集序》《快雪时晴帖》、草书《初月帖》、正书《黄庭经》《乐毅论》最为著名。

所谓“橙”就是凳子，因其较高，故称“悬橙”，可站在上面书写榜额。当时凳子的形象可见于敦煌莫高窟北魏第257窟壁画。

筌蹄即后来所称的绣墩，多见于佛教石窟壁画或雕刻，如敦煌莫高窟西魏第285窟壁画和洛阳龙门石窟北魏莲花洞壁面雕刻，传世的石刻佛座也常为筌蹄。据此，似乎筌蹄与佛教有一定的关系。唐代仍称筌蹄，五代和宋代改称绣墩。

胡床，后俗称马扎，以两框相交为支架，可以折叠，也比较高，可以垂足而坐，东汉已经有了，此时造型没有什么改变，只是更加普及了。敦煌石窟北朝壁画中胡床常有出现，也见于唐朝阎立本《北齐校书图》。

椅子出现较晚。这一时期仅有极少的信息，一是在新疆尼雅遗址发现的一把木椅，时间相当于我国的晋代，其造型和装饰风格全是犍陀罗式。这是一件由商旅带入我国的家具。

二是敦煌莫高窟第285窟壁画《山林仙人》所坐的一把椅子，与佛教活动有关，可说是最早见到的禅椅，仙人在上盘腿结跏趺坐，与垂足坐不同。

这个时期仍以席地而坐为主，故凭具仍有发展。

凭几除大量为直形外，在长

五行 存在于我国古代的一种物质观，多用于哲学、中医学和占卜方面。五行指：金、木、水、火、土，认为大自然都是由这五行构成的，随着五行的兴衰，大自然发生变化，从而使宇宙万物循环，影响人的命运，是由于我国古代对于世界的认识不足而造成的。如果说阴阳是一种古代的对立统一学说，则五行可以说是一种原始的普通系统论。

■古代方禅椅

■东晋陶凭几

江流域的下游又发展了有较大改进的弧形凭几，多陶质，说明在这个区域相当普遍。

安徽马鞍山三国吴朱然墓发现的褐漆曲形凭几是最早一例实用凭具，几长695毫米、宽129毫米、高260毫米，几面弧形，三足作兽蹄状，造型有很大代表性。通体褐色，朴素无华，也就是后世所称之乌皮隐几。南齐谢朓写过一首咏乌皮隐几的诗。

谢朓（464～499年），南齐代表作家。他的诗多描写山水景色，风格清逸秀丽，完全摆脱了玄言诗的影响，为当时人所敬重。他是南齐永明体诗的代表作家，和沈约、王融等人根据汉语的四声研究诗歌中的声、韵、调配合问题，提出了“八病”之说，开创了永明体。谢朓的山水诗与谢灵运齐名，世称二谢；又因谢朓与谢灵运同宗，故又称大小谢。

与凭几异曲同工，此时又出现了在床榻上倚靠的软质隐囊。《颜氏家训》透露，南朝士族弟子“凭斑丝隐囊”成风，是以斑丝织物覆面。隐囊的形象可见于洛阳龙门石窟宾阳洞维摩诘石刻和传世《北方校书图》。

此时新兴的卧具为架子床。最早的床多有围栏而无架。汉代床上设有帷幔，似已有支架。

东晋顾恺之《女史箴图》最早绘出了一具架子床：床座饰壶门，四角立柱，柱间围立高床屏，上设顶，四周张设帷帐。应是汉代“斗帐”的发展，带有架子床初创期的特点。此床床屏约高0.5米，在人腋下，高于后代床围。床前放有与床等长的栅足式几，汉代称为“桯”。

《北齐校书图》绘有一座壶门式大榻，榻座立面有壶门，正面4个、侧面两三个。榻上坐4人，并摆放笔、砚、盂和投壶。按榻的面积，还可再多容数人。

这是在汉代榻的基础上发展而来的新家具。在大榻上仍是席榻而坐，只在榻边垂足。唐代仍应用此种大榻，同时将此发展为大型桌子。

所谓“壶门”，是一种轮廓线略如扁桃的装饰纹，底线平直，上线由多个尖角向内的曲段组成，两侧曲线内收。壶门形象以后在唐宋所见特多，集中用在作为佛座、塔座和大型殿堂基座的须弥座上。

大同北魏司马金龙墓有一具床后屏风，因墓曾遭受破坏，尚存面积较大的5块，每块高约0.8米、宽约0.2米、厚约0.02米。

床后屏风上满绘取自《孝经》《列女传》的传统故事，富有劝诫意味；以朱红漆地，用黑线画出轮廓，人物面部和手涂铅白，并有浓淡渲染，较好地表现了肌肤色调和立体感。

服饰器物涂黄、白、青、橙、红、灰蓝诸色，榜题及题记为黄地儿墨书，色彩十分绚丽，线条自如。

据墓志，司马金龙历任北魏高官，去世于484年。

《孝经》 我国古代儒家的伦理学著作，传说是孔子自作。《孝经》以孝为中心，比较集中地阐发了儒家的伦理思想。它肯定“孝”是上天所定的规范，指出孝是诸德之本。在我国伦理思想中，首次将孝亲与忠君联系起来，认为“忠”是“孝”的发展和扩大，并把“孝”的社会作用推而广之。

古代架子床

■黄釉扁壶

汉代在榻后多置曲尺状屏。南北朝时期由三扇组成的Ⅱ字形屏更多。司马金龙墓床屏上即绘有这种床屏的形象，是后代床榻围板的前身。

魏晋南北朝时期，北方各民族的匈奴、鲜卑、羯、氐、羌、卢水胡各族先后建立政权，将社会机关情势以至风俗习惯带到华夏；南边的山越、蛮族、俚人、僚人也走出深山老林，开始与汉族融合。

华夏 华夏一词由周王朝创造，最初指代周王朝。公元前2100至公元前770年，黄河中下游黄帝的后裔先后建立了夏朝、商朝、周朝，经过夏商周三代的民族融合，华夏族正式形成。从汉朝开始逐渐以汉族代替诸夏、华夏等旧称。现被用作中国和汉族的古称。

十六国与北朝时期，汉族以华夏文化去影响和改造胡人的文化与政体。跟随胡人政权而迁入中原的大都民族，与汉人杂居，开始学习汉族的说话，影响到汉族概念和生活方式。胡族充满生气的精力，给高雅温和却因受到礼教的束缚而显得僵硬的汉文化带来了新气象。

魏晋南北朝时佛教的昌隆，带给魏晋南北朝家具的影响是决定性的。佛教由发祥地印度向南、北、中外传而形成，佛教建筑随着外传。这里面有着很多宗教、哲学、文化课题。

另外，开凿石窟和建寺的佛教行为增进了佛教美术的成长，石窟造像、壁画和寺庙的造像、壁画应运而生。这时期的造像和壁画，都是来自域外的粉本，人物形象、服饰用具等都是域外风尚。

■扣蚌壳羽觞

同时，天竺佛国大批的

高型家具也随之进入了华夏。这对中原的生活风俗，特别是席地而坐的起居体式格局是一个极大的冲击，正是由于这个时代思维的极大自由，使得人能够接受这样的变更。

青瓷褐釉十足砚

魏晋南北朝时期，由于佛教的传入和统治者的大力倡导，佛教内容成为当时建筑设想的主题。在佛教家具的开导下，华夏的匠师们从佛座创作出箱型结构和束腰家具新形式，同时又极具美感与魅力。

魏晋南北朝时期那些婉雅秀逸的渐高家具，给当时人们生活生产带来深入的变化。我国的家具历史上写下了深切而浓重的一笔。同时也可以看到，不同的地方民族在和汉族的交流融合过程中，给汉族注入了新鲜血液，使中华民族更有生气，更富创造力。

阅读链接

魏晋南北朝时期的传统家具装饰图案题材主要有动物纹样，与佛教有关的植物纹样、几何纹样以及其他一些纹样。

魏晋南北朝时期的传统家具装饰图案受到佛教的影响，如作为佛教象征的莲花和忍冬纹被大量运用在家具上。在风格上，家具装饰图案给人一种清新脱俗的感觉。这一时期装饰图案主要有以下几种。

动物纹样：龙纹、狮子纹、金翅鸟纹、青龙纹、白虎纹、朱雀纹、玄武纹、凤凰纹等。

植物纹样：莲花纹、忍纹、缠枝纹、卷草纹等。

几何纹样：雷纹、斜格纹、水波纹等。

其他纹样还：山水花鸟纹、人物故事纹、火焰纹、缨络纹等。

华丽隽永的隋唐家具

隋唐是我国家具史上一个大变革时期，上承秦汉，下启宋元，融会国内各民族文化，大胆吸收外来文化，出现不少新型家具，特别是高型家具继续得到发展，大大丰富了我国古典家具的内容。

隋唐家具注重构图的均齐对称，造型雍容大度，色彩富丽洒脱。从墓室中发现的家具模型、壁画和传世的绘画中，可以获得不少形象资料；大量的文献记载、诗歌及其他文学作品中也有大量有关家具的描写。

唐代漆器木椅

从唐代的绘画中可以看到椅、凳、双人胡床、墩等家具，但这些家具仅限于上层社会或者僧侣所使用。这与承袭前代席地而坐的习惯有关，或许是当时的人们把床、榻都理解为高的地面。在装饰方面，浮雕配件或绘画图案都与佛教有很大关系。

出土的唐代黄金龙

隋朝只维持了37年，在家具方面没有什么特殊的东西，也看不出有什么变化。家具真正的繁荣时期是在唐代，唐代初期就出现了蓬勃进取的精神风貌，长时间的战乱和流离失所在江山统一后，人们的生活热情得以迸发。尤其是“贞观之治”带来了社会的稳定和文化上的空前繁荣。

唐代的家具在这样的社会背景下，显现出它的浑厚、丰满、宽大、稳重之特点，重量和气势都比较博大，但在工艺技术和品种上都缺少变化。

唐代豪门贵族们所使用的家具比较丰富，尤其在装饰上更加华丽，在唐画中多有写实体现。这一时期的家具出现复杂的雕花，并以大漆彩绘，画以花卉图案为主。

从唐代敦煌壁画上除了可以看到鼓墩、莲花座、藤编墩等，还可以见到形制较为简单的板足案、曲足案、翘头案等。文人士大夫们多追求素雅洁净，所以这一时期的立屏、围屏多是素面没有装饰的。床榻类也没有太多变化，因袭上代形制，以箱式床、架屏床、平台床、独立榻为主。

隋唐家具仍分七大类，即坐具、卧具、承具、凭具、庋具、屏具和架具。

隋唐以及五代的坐具十分丰富，并出现不少新品

贞观之治 指唐太宗在位期间的清明政治。由于唐太宗能任人廉能，知人善用；广开言路，尊重生命，自我克制，虚心纳谏，重用魏徵等诤臣；并采取了一些以农为本，厉行节约，休养生息，文教复兴，完善科举制度等政策，使得社会出现了安定的局面，当时年号为“贞观”，故史称“贞观之治”。

种。隋唐是席地坐与垂足坐并存的时代，继续发展的坐具和新出现的坐具主要是为了适应垂足，如凳类、筌蹄、胡床、榻以及椅类等。

凳类坐具如四腿八挓小凳，见于敦煌壁画；方凳见于章怀太子墓壁画和五代卫贤高士图；敦煌唐代壁画嫁娶图还绘有宽体条形坐凳，供多人同坐。

还有一种圆凳，圆形坐面，下有凳腿，为西安西郊唐墓的彩陶唱俑所坐。这时新出现一种平面呈半圆形称为“月样杌子”的垂足坐具，在唐画如《挥扇仕女图》《调琴啜茗图》《唐人宫乐图》和《捣练图》上皆可见到。

筌蹄用竹藤编制，圆形，在南北朝时已出现在佛教活动中，隋唐流行于上层家庭。西安王家坟唐墓中有一件三彩持镜俑就坐在这样的筌蹄上，作腰鼓状，上下端及腰部都有绳状纹。

《捣练图》 唐代画家张萱之作。此图描绘了唐代城市妇女在捣练、理线、熨平、缝制劳动操作时的情景。画中人物动作凝神自然、细节刻画生动，使人看出扯绢时用力的微微后退后仰，表现出作者的观察入微。其线条工细道劲，设色富丽，其“丰肥体”的人物造型，表现出唐代仕女画的典型风格。还有一个年少的女孩，淘气地从布底下窜来窜去。

《唐人宫乐图》

筌蹄至五代演变为各种样式的绣墩。

胡床在隋唐继续流行。众多古代模型和壁画显示，隋唐的独坐式小榻多为壶门式。还有一种可坐多人的长榻，唐代称“长连床”，如敦煌莫高窟第196窟所绘二僧共坐一榻就是如此。

在两晋南北朝时已透露出若干端倪的椅子，至迟在唐代中晚期已经流行，当时多称“绳床”，特别为僧尼修禅讲经所必备。如白居易诗云：

坐倚绳床闲自念，前生应是一诗僧。

李白诗也说：

吾师醉后倚绳床，须臾扫尽数千张。

这种可坐可倚的坐具实际就是椅子。稍晚在五代顾闳中《韩熙载夜宴图》中有靠背椅。《旧唐书· 穆宗本纪》记载：

长庆二年十二月辛卯，上见群臣于紫宸殿，御大绳床。

此种皇帝专用的大尺度绳床，可能就是宝座。

圈椅出现于中晚唐，造型古拙，可从《挥扇仕女图》《唐人宫乐图》中见到。

隋唐卧具仍以床和炕为主。

四腿床是一般的床式，新疆吐鲁番阿斯塔那唐墓发现的一张床，长2.9米，宽1米，高0.5米，用当地红柳制成，上铺柳条。

敦煌唐代经卷着色《佛传图》描写病者与死者灵魂升天情景，上绘一四腿床，与新疆出土的木床一样。

壶门床为高级床，是隋唐家具的代表类型。山东嘉祥英山一号隋墓壁画绘徐侍郎夫妇共坐在一张壶门床上。床后立屏，两侧侍女侍立，床前有直栅足机，二人倚斑丝隐囊，观看杂戏舞蹈。

其壶门空朗，上部曲线作小连弧形，连接两侧陡泻的弧线，弯转有力。床框厚实，下部托泥轻巧，造型很有韵味。

唐代鎏金银壶

壶门床至唐代更为成熟，壶门曲线简洁有力，整体造型更趋匀称舒展。莫高窟唐第217 窟《得医图》绘一贵妇坐于壶门床上，旁立侍女抱幼婴等待医士诊病。

敦煌着色《佛传图》上绘

唐代漆器木桌

有摩耶夫人夜梦佛乘象入胎，夫人即卧于壶门床上。

壶门床面积很大，占据室内很大空间，生活活动都在床上进行。《唐书·同昌公主传》记载："咸通九年同昌公主出，降宅于广化里，制水晶，火齐、琉璃、玳瑁等床，悉支以金龟银堑。"《隋唐嘉话》："太宗中夜闻告侯君集反，起绕床而步，亟命召之，以出其不意。"使用的都应是壶门床。

黄河以北，冬季寒冷，东北尤甚，多不用床而用炕。《旧唐书·高丽传》记载："冬月皆作长坑，下燃煴火以取暖。"记载虽短，却具有普遍意义。炕燃煤或柴火，既取暖又可以用来做饭。

隋唐承具处于高、低型交替并存时期。低型承具继承两汉南北朝已臻成熟的案、几；高型如高桌、高案，处于产生和完善的过程中，数量不多。

低型承具供席地坐时用，较低，隋唐时仍广泛使用，如低案、翘头低案等。高型承具为垂足坐或站立

《韩熙载夜宴图》 我国画史上的名作，原迹已失传，今版本为宋人临摹本，以连环长卷的方式描摹了南唐巨宦韩熙载家开宴行乐的场景。韩熙载为避免南唐后主李煜的猜疑，以声色为韬晦之略，每每夜宴宏开，与宾客纵情嬉游。这幅长卷线条准确流畅，工细灵动，充满表现力。

唐代黑釉瓜棱执壶

时所用，较高，隋唐时有所创造和发展的新品，同椅类家具一样，对以后造成很大的影响。

莫高窟晚唐第85窟壁画楞伽经变绘有两张方桌，结构形式相同，均为方形桌面，四隅各一腿，直接落地，腿间无掌，造型简朴，没有任何装饰，注重功能。从图中屠师和狗的比例来看，桌高约0.8米，是最早的方桌形象。

敦煌唐代壁画弥勒下生经变嫁娶场面常绘有宴饮情状：帷幄中置一条形桌，四面垂帷，桌上布陈杯盘匙筷，男女分坐左右，从所绘尺度，桌长约2.5米至3.2米。此桌与条凳共用，已为垂足坐式，为高型长桌，但因有桌幄腿部结构不得见。

但有的壁画所绘长桌结构十分清楚，桌下立四条直腿，腿间无掌，其简朴情况与壁画所绘方桌一样。

唐代尚无“桌”字，当时可能称为“台盘”。唐贞元十三年《济渎庙北海坛祭品碑》记载：“油画台盘二，一方五尺，一方八尺。素小台盘一。”唐尺一尺约合300　毫米，则上述之桌一为1.5米、二为2.4米，似指长度，应属长桌。

莫高窟盛唐第103窟《维摩诘经变》绘维摩诘坐在拔高的带斗帐和围屏的壶门小榻上，手持麈尾，倚弧形凭几。榻前置一几颇高，为与低型几案区别，姑

壁画　即人们直接画在墙面上的画。壁画为人类历史上最早的绘画形式之一。如原始社会人类在洞壁上刻画各种图形，以记事表情，这便是流传最早的壁画。至今中国、埃及、印度、巴比伦等文明古国保存了不少古代壁画。

且命名为高几。此高几画得可谓是相当仔细，几面由四块木板拼成，上绘清晰的褐色木纹，两端安翘头。几两侧曲形栅足上曲下直，排列较密，下有贴地柎木。

《维摩诘经变》图形象地说明几案是随坐具的加高而加高的。日本奈良正仓院有一件相当于唐代的高几，与敦煌莫高窟第103 窟不同的是其是直形栅足，可能是遣唐僧从我国携归之物。

传世绘画《唐人宫乐图》 绘出唐时宫廷宴乐场面，当中置一壶门大案，两侧各有两位妇女坐在月样杌子上，还各有两个空置的月样杌。案面长方，漆成方格网状，有大边和抹头，转角为委角，饰以铜角花。案正面有壶门三洞，从人数看侧面应有六洞，近地处有交圈的托泥。在受力构件上作出壶门曲线，说明受力构件与牙板尚未分离。

这件壶门大案是宫中使用之物，造型和漆饰富丽豪华。唐阎立本《北齐校书图》的壶门大榻，与此大案结构、造型相近。

壶门大案从东汉和南北朝的坐榻及床演变而来，在唐代发展成熟。从绘画及壁画可知，带有壶门的家具在唐代使用很广，不仅用在承具如大案、小案、双层案上，也用于

阎立本（约601~673），唐代画家兼工程学家。出身贵族，其父阎毗北周时为驸马，因为他擅长工艺，多巧思，工篆隶书，对绘画、建筑都很擅长，隋文帝和隋炀帝均爱其才艺。他的作品有《步辇图》《古帝王图》《职贡图》《萧翼赚兰亭图》等，对国画发展有很大影响。

唐代《宫乐图》

刘伶 魏晋时期沛国，今安徽淮北市濉溪县人，字伯伦。“竹林七贤”之一。曾为建威将军王戎幕府下的参军 。晋武帝泰始初，对朝廷策问，强调无为而治，被以无能罢免。平生嗜酒，曾作《酒德颂》，宣扬老庄思想和纵酒放诞之情趣，对传统“礼法”表示蔑视。是竹林七贤社会地位最低的一个。

坐具与庋具，五代仍有延续，至宋则为新的、更简便和省工省料的梁柱结构所代替。

隋唐凭具沿袭两汉南北朝，有直形凭几、弧形凭几和隐囊，隐囊即巨形靠枕。

河南安阳隋代张盛墓有直形凭几模型，几身截面梯形。日本正仓院唐代凭几造型与此大体相似。

新疆吐鲁番阿斯塔那唐墓有一件木质凭几，上绘漆画，几面一字形，两端抹成弧状，木胎加彩漆绘并嵌螺钿，面上界分为七块，两端漆饰已脱落，中央五块尚清楚可辨，绘团花、折枝花和腾飞小鸟。双腿中部较细，上下两端扩大为方形，腿下有底村，底村两端抹圆。

弧形凭几产生于东汉末，多流行于长江下游，隋唐仍在使用，但已近尾声。河南安阳隋代张盛墓中有一件陶质弧形凭几模型，弧形扶手截面呈梯形，三曲足为兽腿。

山西省博物馆藏有一件719年石雕天尊像，右手

■ 唐代绘画《高逸图》中的筵席

执扇和拂尘，左手扶曲形凭几，几腿为弧鹄，可见其使用情况。

敦煌莫高窟初唐第203 窟壁画维摩诘图，维摩诘坐于壶门式小榻上，上覆斗帐，右手执麈尾，前置弧形凭几，几腿亦为兽腿形。

隋唐上承南北朝“斑丝隐囊”，无大变化。山东嘉祥英山一号隋墓壁画绘有墓主徐侍郎夫妇坐于壶门式床上，其妇身后倚靠一件隐囊，其体量、造型都与唐孙位《高逸图》一样。

唐代白瓷皮囊壶

《高逸图》绘山涛、王戎、刘伶、阮籍4人。山、阮都倚着隐囊。

王维《古人张諲工诗善易卜兼能丹青草隶顷以诗见赠聊获酬之》诗也提到隐囊：“不逐城东游侠儿，隐囊纱帽坐弹棋。”普通百姓使用的隐囊比较简单，称“布囊”。《续玄怪录》卷四云：“斜月尚明，有老人倚布囊坐于阶上，向月检书。”

隋唐时南方庋具多用竹材，如笥、橱、箱、笼；北方多用木材，如箱、柜、匣、椟。因选材不同，加工工艺也不一样，造型也有差异。

唐代箱有木质、竹质、皮质三种，且有长方形和方形盝顶之别。陕西扶风法门寺发现的八重宝函银箱，外几重皆为盝顶式。

阮籍 三国魏诗人，字嗣宗。陈留尉氏，今河南人。是建安七子之一阮瑀的儿子。曾任步兵校尉，世称阮步兵。崇奉老庄之学，政治上则采谨慎避祸的态度。与嵇康、刘伶等七人为友，常集于竹林之下肆意酣畅，世称“竹林七贤”。

唐代《韩熙载夜宴图》中的屏风

笥以竹或萑苇制成，是用以盛衣物、书画、饭食的矩形盛器。《大唐新语》卷四道：

> 则天朝，恒州鹿泉寺僧净满有高行，众僧嫉之。乃密画女人居高楼，净满引弓射之状，藏于经笥，令其弟子诣阙告之。

《隋唐嘉话》记虞世南说：“昔任彦升善谈经籍，时称为五经笥。”

隋唐的柜多为木制，以板作柜体，多横向放置，外设柜架以承托，有衣柜、书柜、钱柜等不同称谓。柜与箱、匣的不同在于体积较大。

《开河记》记载：“大业中，诏开汴渠。开河都护麻叔谋好食小儿。……城市、村坊之民有小儿者，

白居易（772-846年），字乐天，晚年又号香山居士，我国唐代伟大的现实主义诗人和文学家。他的诗歌题材广泛，形式多样，语言平易通俗。官至翰林学士、左赞善大夫。有《白氏长庆集》传世，代表诗作有《长恨歌》《卖炭翁》《琵琶行》等。

置木柜，铁裹其缝，每夜置子于柜中，锁子。全家秉烛围守。”

《朝野佥载》与《酉阳杂俎》中也都记有柜中藏人的类似故事。书柜也称“文集柜”。白居易《题文集柜》诗：

破柏作书柜，柜牢柏复坚。
收贮谁家集，题云白乐天。
我生业文字，自幼及老年。
前后七十卷，小大三千篇。
诚知终散失，未忍遽弃捐。
自开自锁闭，置在书帷前。
身是邓伯道，世无王仲宣。
只应分付女，留与外孙传。

有的书柜用珠宝玉石装满，《杜阳杂编》记载：“武宗皇帝会昌元年渤海贡玛瑙柜，方三尺，深色如茜，所制工巧无比。用置神仙之书，置之帐侧。”

关于钱柜的记载，《唐书》中记载：“王伾茸无大志，唯务金帛宝玩。为大柜，上开一孔，使足以受物。夫妻寝止其上。”能容两人睡卧其上，可见甚大。“上开一孔”就是说在柜的上面开投放钱币的小孔。

唐代三彩釉陶方柜

西安王家坟唐墓发现一件三彩釉的钱柜，由六块板组成。两侧板略高于柜面，两端有三角形翘起为饰。上板前沿中间设一小门，靠里端开有一个足可以投抛

张璪 也作张藻，约活跃于8世纪后期，他擅长文学，善画水墨山水，尤精松石，传说他能双手分别执笔画松，有双管齐下之誉，可见张璪的高超技艺。他还用手蘸墨作画，不求巧饰。画山水重灵感，富有激情，其山水高低秀丽，咫尺重深，为唐代水墨山水画之代表，形象生动而富有感染力。

钱币的一字孔。小门可以抽开，门板侧面钉钮头锅。

钱柜前面的立板也钉钮头，可以锁住。柜架于四角呈矩尺形的柜托上，悬空防潮，不使钱币锈蚀。在柜体和托架上都有帽钉状凸起装饰。柜体正面设两个圆形兽面，柜体两侧也各设一个，除装饰外，似乎还示意辟邪。

隋唐时的橱也供贮食藏物，一般为竖向，并常设抽屉。《癸辛杂识》说：

> 昔李仁甫为长编，作木橱十枚，每橱作抽替匣二十枚，每替以甲子志之。凡本年之事，有所闻必归此匣，分月日先后次第之，井然有条。

《云仙杂记》中也有“许芝有妙墨八橱，巢贼乱，瘗于善和里第。事平取之，墨已不见，惟石莲匣存”的记载，可知也有一种藏墨之橱。

而《广舆记》中所记：“长中袁录慕其风，赠以

唐朝玛瑙花瓣盏托

鹿角，书格，蚌盘，牙笔，易将连理几竹书格报之。”这里面说的“书格”即书橱。

隋唐屏具有座屏、折屏两种，其不仅能够挡风，还能分隔空间，衬托主体，在屏风上作画题字更可衬托气氛。

《韩熙载夜宴图》中的坐具

隋唐时期已经大量用纸，屏风扇一改过去在实板上作画的做法，而以纵横木梃形成田字框架，在两面糊纸，再在纸上作画题字，正如白居易《三谣·素屏》所说：“尔今木为骨兮纸为面。”

迅速发展中的隋唐山水、花鸟画，自然会用之于屏风，于是，张璪松石、边鸾花鸟都成了屏风画的热门，与汉晋南北朝屏风画的人物故事和或纯装饰的漆屏不同。

边鸾 唐朝画家，他最擅长的是画花鸟折枝。这种画法，是从来未有过的。边鸾下笔轻松利落，善用颜色，能得心应手地展现鸟雀羽毛的万态变化，春花绽放的千种姿容。在折枝画法中，边鸾位居魁首。边鸾的折枝花卉蜂蝶鸟雀画都堪称在妙品以上。

折屏无下座，由多数扇组成，互成夹角立于地上。屏扇都取双数，盛唐后多为六扇，即所谓“六曲屏风”，李贺诗云“团回六曲抱膏兰”。

扇与扇之间用丝绳或称为“屈戌”“屈膝”“交关”等，即“折铁”“合页”或“搭钩”的金属件相连。唐墓壁画和日本正仓院所存“羽毛篆书屏风”“羽毛文书屏风”“羽毛少女屏风”及“唐草夹缬屏

■唐朝白釉执壶

风”等实物，都是唐代六曲屏风。

折屏一般较矮，先用较宽的木条做出4个边框，框中用木格做成日、目或田字格，再于其上糊纸、绢、纱或夹缬织物，或单面或双面。

座屏以下有底座，不折叠，与折屏有别，因为需要空面居中，因此扇数多为奇数。《唐书·魏徵传》记载：

征上疏有言疏奏。帝曰：“联今闻过矣，方以所上疏，列为屏障，庶朝夕见之。”

莫高窟盛唐第217 窟壁画《得医图》和第172 窟壁画《净土变》都有座屏，前者为独扇独幅屏芯，后者为独扇三幅。

隋唐架具有衣架和书架两大主要类型。

隋唐衣架基本形象是高植两腿，中连以掌，上方有长形搭脑承架衣服，或木或竹。唐贞元十三年《济渎庙北海坛祭品碑》有记载：“竹衣架四，木衣架三。”沈佺期诗：“朝霞散彩羞衣架，晚月分光劣镜台。”

书架大致是四腿落地，中连数层搁板，上存书籍、书卷。白居易《香山寺二绝》诗道：“家酝满

沈佺期 唐代诗人，字云卿。与宋之问齐名，并称“沈宋”。他们的近体诗格律谨严精密，史论认为其是律诗体制定型的代表诗人。他在流放期间的作品，多抒写凄凉境遇，他还创制七律，被胡应麟誉为初唐七律之冠。

瓶书满架，半移生计入香山。”

唐代书架的形象见于山西高平海华寺壁画，修行的草庐内有一个书架，四腿落地，中横搁板，上搁书卷和僧人的日用什物，下为壸门立板，类似以后的博古架。

隋唐家具的装饰大体有出木类和漆饰、镶嵌等类，有淡雅和富丽两种不同取向。

出木类即在木面饰以桐油，或索性白茬，朴素无华，多为平民施用，士大夫追求返璞归真，也常用此，称“素几杖”，白居易《三瑶·素屏谣》曾有描写。“素几杖”也包括单一色漆。

唐代家具漆饰继承两汉南北朝，又吸收各族及异域文化，从而形成开朗、豪迈、富丽的风格。其花纹前期以忍冬纹、折枝花和鸟纹为主，还有联珠纹、双兽纹。后期为之一变，忍冬纹很少见而流行团花和缠枝花等花鸟图案。

唐代漆饰手法则有彩绘、螺嵌、平脱、密陀僧绘等，并新创了雕漆工艺。

金银平脱是从汉代贴金银片发展而来，做法是用极薄的金银片剪成图案，贴于器上，然后涂二三层漆，经研磨使金银片显露，成为闪光的纹饰。

金银平脱是唐代工匠的创造，盛行一时，成为帝王

《酉阳杂俎》
唐代笔记小说集。这本书的性质据作者段成式自序，说属于志怪小说，不过就内容而言，远远超出了志怪的题材。这部著作内容繁杂，有自然现象、文籍典故、社会民情、地产资源、草木虫鱼、方技医药、佛家故事、中外文化、物产交流等，可以说五花八门，包罗万象，具有很高的史料价值。

唐朝瓷枕

享用的高级器物。《酉阳杂俎》曾记载：

安禄山恩宠莫比，赐赍无数，其所赐品目有：金平脱犀头匙箸、金银平脱隔馄饨盘、平脱著足叠子、银平脱破觚、银平脱食台盘。又贵妃赐禄山金平脱装具、玉合、金平脱铁面碗。

螺钿应用于漆木器，在唐代有很大的发展，有的在螺钿上加浅刻，增加表现层次。

新疆吐鲁番阿斯塔那唐墓出土一件嵌螺钿木双陆局，曲尺形腿，腿间开壶门光洞，下有托泥。盘两长边中间为月牙形城，左右各有6个螺钿花眼。盘中间有纵、横格线各两条，围成画面，上嵌云头、折枝花和飞鸟螺钿。

雕漆是唐代新创的装饰技法，是在木胎上先平涂薄漆数十道，再雕刻漆层成形。战国有类似做法，但是先在木胎上雕刻成形，然后上漆，与唐代不同。

彩绘是漆饰的主要技法，为历代普遍使用，唐代亦然。唐代家具上的彩绘可从传世唐画如《宫中图》《唐人宫乐图》《挥扇仕女图》《捣练图》上的壶门大案、月样杌子和圈椅等家具上看到。

阅读链接

晚唐至五代，士大夫和名门望族们以追求豪华奢侈的生活为时尚，许多重大宴请社交活动都由绘画高手加以记录，这为研究、考察当时人们的生活环境提供了极为可靠的形象资料。

五代画家顾闳中的《韩熙载夜宴图》就是个很好的例子，画面向我们清晰地展示了五代时期家具的使用状况，其中有直背靠背椅、条案、屏风、床、榻、墩等。

完整简洁的形式既向我们展示了其家具有明显唐代家具的印痕，又有别于唐代家具，比唐代家具有一定的进步和发展。

古雅精致的宋元明清家具

从10世纪中晚期开始，宋王朝展开了它经济发展、城市繁荣的画卷，而家具的格式也随之继续向新的格式发展着。

我国家具形式大变革的时期是唐至五代，唐代家具的品种和样式，经历了自古以来人们从席地而坐到垂足而坐的过渡阶段。五代的室内陈设家具，高座式的各种家具以适应当时已普及的垂足坐。

而到了宋代，高座家具已相当普遍，高案、高桌、高几也相应出现，垂足而坐已成为固定的姿势，我国历史上的起居生活变革由坐姿而定。城镇世俗生活的繁荣使高档宅院、园林大量兴建，打造家具以布置房间成为必然，这给家具业的蓬勃发展提供了良好的社会环境。

明清时期的屏风

明清时期的木质洗漱架

宋代是中古传统思想观念发生转折的时期，它一改前朝万国朝圣、雄霸天下的强盛气势，形成新的哲学意识、思想方法和处世态度，其沉稳、谨慎、内敛的性格而形成了温文尔雅、精致细密、纤弱婉转的宋代家具。

两宋时，各类家具已普及民间。凡桌、椅、凳、床柜、折屏、大案等已相当普遍，并出现了很多新型的高式的家具如高几等。

从宋代各类画卷、墓葬遗物或文献上的记载中，都能见到不同家具的品种与特色。张择端《清明上河图》中绘画的宋代家具，估计共有200余件，说明民家市井所用家具设计品种丰富多彩。

宋徽宗赵佶《听琴图轴》中可见茶几、石凳和香案；苏汉臣《秋庭婴戏图》中富有童趣的圆桌，颇似鼓凳，更像一盏盛开的荷花莲头。

宋画《五学士图》中的家具有香案、书柜、鼓凳、条案等；《秋庭婴戏图》可见方凳，凳面镶嵌有竹席；而《浴婴图》中有圆凳，凳面浅刻纹饰，凳角则采用六曲椭圆拱形。

牟益《捣衣图》中可见长方案、圈椅、屏风和床榻。《春游晚归图》上绘有荷花扶手太师椅，利用荷花纹饰结合曲线制作靠椅，形制极富特色。

有关太师椅名称的最早记载，见于宋代张瑞义的《贵耳集》。书中提到：

宋徽宗 名赵佶，他是宋朝第八位皇帝。酷爱艺术，在位时将画家的地位提到我国历史上最高的位置，成立翰林书画院，即当时的宫廷画院。以画作为科举升官的一种考试方法，每年以诗词做题目曾创造出许多新的创意佳话。他自创一种书法字体被后人称之为“瘦金书”，另外，他在书画上的花押是一个类似拉长了的“天”字，据说象征“天下一人”。

■太师椅是古家具中唯一用官职来命名的椅子，它最早使用于宋代，最初的形式是一种类似于交椅的椅具。太师椅最能体现清代家具的造型特点，它体态宽大，靠背与扶手连成一片，形成一个三扇、五扇或者是多扇的围屏。

今之校椅，古之胡床也，自来只有栲栳样，宰执侍从皆用之。因秦师垣宰国忌所，偃仰，片时坠巾。京尹吴渊奉承时相，出意撰制荷叶托首四十柄，载赴国忌所，遗匠者顷刻添上。凡宰执侍从皆用之。遂号太师样。

文中提到的秦师垣，即当时任太师的秦桧。这段记载明白无误地说明，秦桧坐在那里一仰头，无意中头巾坠落。吴渊看在眼里，便命人制做了一种荷叶托首，由工匠安在秦桧等人的椅圈上。太师椅由此产生，太师椅这一名称也由此传开。

《槐荫消夏图》中所绘的床榻，在榻面与八只垫角柱间均增加有“圈梁”，让床榻的木结构造型更加富丽，同时使榫卯接头牢固，是深入研究宋代家具的珍贵形象资料。

宋代以及稍后的辽、金历时300余年，家具发展经历了一个高潮时期，高档家具系统已建立并完善起

《春游晚归图》
绘一老臣骑马踏青回府，前后簇拥着10位侍从，或搬椅，或扛兀，或挑担，或牵马，忙忙碌碌。老臣持鞭回首，仿佛意犹未尽，表现了南宋官僚偏安江南时的悠闲生活，令人想起南宋林升《题临安邸》一诗：“山外青山楼外楼，西湖歌舞几时休？暖风熏得游人醉，直把杭州作汴州！”

胡床亦称“交床”“交椅”“绳床”，是古时一种可以折叠的轻便坐具，类似于现在的马扎功能，但人所坐的面非木板，而是可卷折的布或类似物，两边腿可合起来。其携带和存放十分方便，它们不仅在室内使用，还可以外出时携带。宋、元、明乃至清代，皇室贵族或官绅大户外出巡游、狩猎，都带着这种椅子，以便于主人可随时随地坐下来休息。

来，家具品种愈加丰富，式样愈加美观。

比如桌类就可分为方桌、条桌、琴桌、饭桌、酒桌以及折叠桌，按用途越分越细。

宋代的椅子已经相当完善，后腿直接升上，搭脑出头收拢，整块的靠背板支撑人体向后依靠的力量。圈椅形制完善，有圆靠背，以适应人体曲线。

胡床改进后形成交椅。几类发展出高几、矮几、固定几、直腿几、卷曲腿几等各种形式。

宋代家具在总体风格上呈现出挺拔、秀丽的特点，在装饰上承袭五代风格，趋于朴素、雅致，不作大面积的镂雕装饰，只取局部点缀以求其画龙点睛的效果。

宋代是我国家具史上的一个高峰，不论是制作技术，还是艺术水平，都达到炉火纯青的境界。宋代家具呈现出的是工整简洁、儒雅朴素的艺术风格，具有平易近人的特点，各类家具逐渐细化和丰富的同时也趋向于简洁化和儒雅化。

镂雕 亦称镂空、透雕。指在木、石、象牙、玉、陶瓷体等可以用来雕刻的材料上透雕出各种图案、花纹的一种技法。距今5000年前的新石器时代晚期，陶器上已有透雕圆孔为饰。汉代到魏晋时期的各式陶瓷香熏都有透雕纹饰。清乾隆时烧成镂空转心、转颈及镂空套瓶等作品，使这类工艺的水平达到了顶峰。

宋代家具在装饰上趋于朴素雅致，讲究完整、圆满、和谐，从外部轮廓到内部架构都组合得自然得当，恰如其分，以满足实际的使用功能为主要目的。

在结构上，宋代家具大多为框架式结构，以此代替了以前的箱体壶门结构，这是借鉴了隋唐家具的大木梁架结构。

在用材上，宋代家具以木材为主，其中包括杨木、榉木、杉木、榆木等软木，也有少量红木家具，并适当辅以金属、陶瓷等装饰。

以宋代的椅子为例，整体比例协调，外观挺拔隽秀，大多采用直线构件，各构件常以严谨细腻的比例尺度达到精美的视觉效果，使宋代家具的价值远非一般坐具功能价值可比，而成为这个时代民族精神与审美价值的象征。

壶门 最早见于辽宁义县出土的商代俎腿上，其式样与后来明清时期家具壶门样式基本相似。壶门式样虽然初见于商周时代，但在直至魏晋时期“壶门”并未广泛应用于家具的样式上，究其原因，这段时期是我国青铜器具光辉灿烂时期，家具的发展相对暗淡；此外由于人们习惯于席地而坐的生活方式，高型木质家具并未大量出现。

清代镂雕椅

古代卧床

元代的家具虽沿袭宋代传统，但也有新的发展，从元代家具的文献和书籍中可以找到如罗涡椅、霸王椅及高束腰凳等。新的设计方法使结构更趋合理。

罗涡椅是采自民间俗语，是一种形如弓背的座椅，其实是在宋代家具的基础上发展而来的，这充分体现出了人体的尺度，有一种舒适之感。

元代不仅在政治、经济体制上沿袭宋、辽、金各代，家具方面也秉承了宋代形制，工艺技术和造型设计上，在原有的基础都没有大的改变。

但是值得称颂的是，元代出现了抽屉桌，抽屉作为储物之匣方便开取，是家具上的一大发明，它更大程度地加大了家具的使用效果，而这一新事物的出现也许更多地归功于民族交流和文化交融。

从魏晋六朝至宋辽金元这千余年间，我国王朝不断更替，其中发生过两次较大规模的民族融合，社会

市井文化 市井指买卖商品的场所，而“立市必四方，若造井之制，故曰市井”。市井文化是一种生活化、自然化、无序化的自然文化，它是指产生于街区小巷、带有商业倾向、通俗浅近、充满变幻而杂乱无章的一种市民文化，它反映着市民真实的日常生活和心态，表现出浅近而表面化的喜怒哀乐。

取向一直沿着封建儒家的统治路线进行。元代结束之后，随之而来的是一个更世俗、更多样化的新时代。

16世纪末至17世纪，我国正经历着明朝市井文化繁荣时期，社会很不稳定，政治腐败，农民起义。而离战乱较远的南方地区，却出现了苏作家具和广作家具的造型艺术高峰时期。直到明朝灭亡以后，这一高峰还一直延续下去，至清代雍正、乾隆朝才开始出现典型清式家具的特征。

所谓明式家具，一般是指在继承宋元家具传统样式的基础上逐渐发展起来的，由明入清，以优质硬木为主要材料的日用居室家具。

明式家具起始时被称之为“细木家具”，或者“小木家具”。起初，这种“细木家具”在江南地区主要采用当地盛产的榉木，至明中期以后，更多地选

雍正　（1678－1735年），清世宗爱新觉罗·胤禛，是清朝第五位皇帝，入关后第三位皇帝，他是清圣祖康熙的第四子，1722年至1735年在位，年号雍正，庙号世宗。雍正帝采取了一些严厉的手段整治官员腐败，对外也进一步维护边疆稳定。

明代木雕长椅

江南 在历史上江南是一个文教发达、美丽富庶的地区，它反映了古代人民对美好生活的向往，是人们心目中的世外桃源。从古至今“江南”一直是个不断变化、富有伸缩性的地域概念。江南，意为长江之南面。在古代，江南往往代表着繁荣发达的文化教育和美丽富庶的水乡景象，区域大致为长江中下游南岸的地区。

用花梨、紫檀等品种的木材，当时人们把这些花纹美丽的木材统称为“文木”。

特别是经过晚明时文人的直接参与积极倡导，这类时髦的家具立即得以风行并迅速以鲜明的风格形象蔓延开来。

细木家具具有经久耐用的实用性和隽永高远的审美趣味，它以一种出类拔萃的艺术风貌，成为中华民族文明史中一颗艺术明珠。这种家具产生于明代，时代特色鲜明，故称其为“明式家具”。

明式家具的产生和发展，主要的地域范围在以苏州为中心的江南地区，这从传世家具实物以及文献记载中都可以看到，这一地区的明式家具持续着鲜明独特的风格。

明式家具的最大特点是将材料选择、工艺制作、使用功能、审美习惯几方面结合起来，达到了科学性

明式家具佛龛

明清家居摆设

与艺术性的高度统一。明式家具的品类丰富多样，主要有凳椅类、几案类、橱柜类、床榻类、台架类等，此外还有作为屏障之用的围屏、插屏、落地屏风等。

这些家具从各个方面满足了人们的使用要求，长宽高低基本符合人体的尺度比例，例如椅子的靠背和扶手的曲度等都基本适合于人体的各个部位的长度及曲线，触感良好。

明式家具造型稳定，简练质朴，讲究运线，线条雄劲而流畅，一般不滥加装饰。偶施雕饰也是小面积的浮雕或镂雕点缀在最恰当的地方，与大面积的素面形成强烈的对比。

某些作为装饰的部件也能服从结构的需要，如各种牙子、卷口、楣子等。这些部件不但增强了家具的牢固性，而且增加了装饰性。

家具上装饰边缘的线形流畅优美，安装的金属什

浮雕 是雕塑与绘画结合的产物。浮雕一般是附属在另一平面上的，因此更多是在建筑上使用，用具器物上也经常可以看到。由于浮雕所占空间较小，所以适用于多种环境的装饰。浮雕工艺历史悠久，残存的最早浮雕作品首推唐五代王潮墓室穹顶的莲花浮雕石砖和宋代洛阳桥上的月亮女神以及黄塘岩峰寺前后殿壁上石龛的弥勒佛、观世音立像浮雕。

明代屏风

件如合页，形式多样，大小适度，并具有良好的使用功能。

花梨 又叫降香黄檀，属蝶形花科黄檀属树种。别名降香檀、香红木、花榈、香枝、花梨木、黄花梨，是我国最常见的珍贵红木品种。它的木材和药用价值非常高，在明式家具中是首选的材料，因其纹理或隐或现，不静不喧，质地温润，常被人称之为“木中君子”，突出了木质本身纹理的自然美，给人以文静、柔和的感觉。

明式家具讲究选材。选材是设计意匠的重要部分之一，多用紫檀木、花梨木、红木、鸡翅木、铁梨木，也采用楠木、樟木、胡桃木、榆木及其他硬杂木，所以通称硬木家具。其中的黄花梨木效果最好。

这些硬木色泽柔和，纹理清晰坚硬而又富有弹性。明式家具充分体现木材的色泽和纹理，而不加油漆；这种材料对家具的造型结构、艺术效果有很大的影响，使明式家具线形简练、挺拔和轻巧。

明式家具采用木构架的结构。明式椅子由于造型所产生的比例尺度使用适宜，以及素雅朴质的美，使家具工艺达到了很高的水平。家具整体的长宽高及整体与局部的权衡比例都非常适宜。

很多明式家具存在着浓厚的封建士大夫的审美趣味，为封建统治阶级所使用。例如有的椅子座面和扶手都比较高宽，这和封建统治阶级要求“正襟危坐”，以表示他们的威严是分不开的。这些家具从各个方面满足了人们的使用要求，家具的长宽高低基本符合人体体形的尺度比例。

明式家具的制作工艺严格精细，制作上能做到方中有圆，线脚匀挺，滋润圆滑，平整光洁，拼接无缝。结构科学主要体现在决定构件的粗细厚薄的适度以及合理使用铆榫。明式家具多用榫，而少用钉和胶。

明末至清初这一段时间，苏式家具达到了登峰造极的地步，随着社会的演变，又出现许多新品种，它们都是在明式家具基础上的变体，总体风格依然是“高雅”和“典雅”。

明末清初，家具的发展并未停滞。崇祯年间的家具不见创新，但从形制、工艺、装饰、用材等各方面

士大夫 旧时指官吏或较有声望和地位的知识分子。在中世纪，通过竞争性考试选拔官吏的人事体制为我国所独有，因而也就形成了一个特殊的士大夫阶层。士大夫是我国社会特有的产物，在我国历史上形成一个特殊的集团，他们是知识分子与官僚相结合的产物。

清代卧榻

樟木 主产于我国长江以南及西南各地。冬季伐树劈碎或锯成块状，晒干或风干。木材块状大小不一，表面红棕色至暗棕色，横断面可见年轮。质重而硬，有强烈的樟脑香气，味清凉，有辛辣感。可用蒸馏法提取樟脑油。是一种很好的建筑和家具用材，不变形，耐虫蛀。民间多用樟木雕刻佛像。

都日趋成熟。

大量进口硬木木料如紫檀、花梨、红木都得到上层社会和文人雅士的喜爱，其中色泽淡雅、花纹美丽的花梨木成为制作高档家具的首选材料。

国产的木材如南方的与黄花梨接近的铁力木、榉木，北方的高丽木和核桃木等大量柴木也得到广泛使用，另外，还有用于装饰的黄杨木和瘿木以及专做箱柜的樟木等都被广泛使用。

在装饰上，有浮雕、镂雕以及各种曲线线形，既丰富又有节制，使得这一时期的家具刚柔相济，洗练中透出精致；白铜合页、把手、紧固件或者其他的配件恰到好处地为家具增添了有效的装饰作用，在色彩上也相得益彰。

到清代前期，明式硬木家具在全国很多地方都有生产，但从产品不难看出只有苏州地区的风格特点和工艺技术最具底蕴。

古代棋桌

这种风格鲜明的江南家具，得到了人们的广泛喜爱，人们把苏式家具看成明式家具的正宗，也称它为“苏作”。

清代家居

在家具的种类上，明清时期比以往任何时期都要丰富，而家具又根据使用者在不同场合的需要进一步细分，不仅有桌、柜、箱类，也有床榻类、椅凳类、几案类、屏风类等，其中最为集中地出现当在清朝初期。

这时的家具精品当数紫檀，也有少量花梨和红木。根据不同的工艺特点，做法上明显不同，可划分为紫檀作、花梨作、红木作以及柴木作等，相互有所区别。

清初的柴木家具是明代以来家具中的精品，许多柴木家具风格淳厚、造型敦厚，体现出来自民间的审美情趣。在柴木家具当中，以晋作为最优，河北、山东也不乏佳作，精品不绝。

清初之时，尽管在家具上的创新不多，但在开国之初，统治者以既开明又保守的姿态面对一切，体现在家具上就出现了尺寸扩、形式守旧的特征；但随着政治的稳定，社会的繁荣，体现在家具上的追求：一是体积加大；二是装饰一味趋细趋腻。

清代皇室贵族的家具在结构和造型上设计上继承了明式家具的传统，造型虽沿袭“明式”的程式，但已趋向追求富丽堂皇、华贵气派的效果，滥用雕镂、镶嵌、彩绘、剔犀、堆漆等多种手法，以及象牙、玉石、陶瓷、螺钿等多种材料，对家具进行不厌其烦的堆砌，往往只重技巧，忽略效果。

清代中叶以后，家具的风格逐渐明朗起来，苏式家具也出现了新的特征，与风行全国的京式家具相互影响，又各自保留着自身的特点和历史地位，在清代各种不同风格的家具中独树一帜。

从家具的工艺技术和造型艺术上讲，乾隆后期达到了顶峰时期，这个时期片面追求华丽的装饰和精细的雕琢。

阅读链接

研究、欣赏、鉴定古典家具有赖于相关资料，实物是一部分，来自传世或出土；或来自墓室壁画、其他材料制成的模型、传世绘画、书籍插图以及文字资料。

我们的先民有厚葬之风，为我们在地下留下一部历史，具体而形象，是一笔宝贵的财富。对它们进行纵向的对照、比较，横向的分析和辨别，可以更深层次地了解我国家具的发展脉络。

各个不同的历史时期都在家具造型上留有明显痕迹，比如说唐代的家具造型上是圆形，而宋代则是以矩形为主，明代家具则以比例匀称，挺拔秀丽为特色，清代早期则是以宽大浑厚为主。

装饰特点也是识别家具的重要方面，每个时代都有特定的题材和内容，在手法、装饰纹样上也都各不相同，例如明代喜用小面积浮雕或透雕，而清代则喜欢大面积使用雕、镂、刻、嵌以及金银彩绘等装饰手法。

此外，对材料的选择、卯榫工艺的不同也都是重要的方面。以上诸项要整体把握，综合分析，联系背景，仔细辨别，才能认识古典家具的真面目。